말씀대로 말하라

말씀대로
말하라

손기철

규장

많은 그리스도인들이 처음 이 책을 볼 때 다음과 같이 생각할 것입니다. '나는 믿음의 기도와 긍정적 고백에 관한 유의 책들에 더 이상 관심이 없다. 왜냐하면 어려움이 닥쳤을 때 다 해보았고, 효과가 없다는 것을 알았기 때문이다.' 그렇다면 다시 한번 생각해보십시오. 많은 책들이 믿음과 고백의 중요성에 대해서 강조했지만, 대부분 그것을 자신이 원하는 바를 얻는 수단으로 가르칠 뿐, 정작 하나님나라의 법과 원리 그리고 그것을 자녀의 삶에 실제적으로 적용하는 과정과 훈련에 대해서는 간과해왔습니다.

수많은 그리스도인들이 오랫동안 말씀을 공부하고 나름대로 적용해왔는데도, 자신의 삶에 말씀의 실체가 나타나지 않는 것에 대해 의구심을 가지고 있었습니다. 그리고 그 이유를 자신에게서 찾기보다는 하나님의 주권으로 치부합니다. 그러나 진짜 이유는 말씀을 읽고 묵상은 해도 정작 그 하나님의 말씀을 말하지 않고 살기 때문이라는 사실을 아는 자는 별로 없습니다. 하나님의 능력은 하나님의 말씀을 많이 알 때 나타나는 것이 아니라 하나님의 말씀을 말씀대로 말할 때 나타납니다.

우리는 진리의 말씀에 대해서 말할 뿐, 진리의 말씀을 말하지 않습니다. 이는 마치 홍수 때 마실 물이 없는 것처럼 오늘날 수많은 진리의 말씀에 대한 지식은 난무하지만 정작 그 말씀의 실체를 찾아보기 어려운 것과 같습니다. 지금처럼 말씀을 강조하고 말씀을 알지 못하면 제대로 된 신앙생활을 할 수 없다고 단정하는 시대는 없었을 것입니다.

그러나 1세기의 성도들을 생각해보십시오. 그들은 대부분 문맹(文盲)이었습니다. 그리고 우리처럼 성경책을 가지고 있지도 않았습니다. 그럼에도 불구하고 우리가 성경을 통해서 볼 수 있듯이, 그들이 지금 우리와는 다른 놀라운 신앙생활을 할 수 있었던 것은 무엇 때문일까요? 첫째는 그들이 진리의 영이신 성령의 인도함을 받는 삶을 살았기 때문이고, 둘째는 그들이 주의 말씀을 말씀대로 말하며 살았기 때문입니다.

오늘날 기독교가 업신여김을 받는 가장 큰 문제는 무엇입니까? 그리스도인들이 가장 소중히 여기는 것이 말씀임에도 불구하고, 아이러니하게도 첫째는 그 말씀대로 자신의 삶을 변화시키지 못한다는 것이고, 둘째는 말씀에 따른 능력이 삶과 생활에서 나타나지 않는다는 것입니다. 그 이유는 다음 세 가지로 생각됩니다.

① 말씀이 하나님이심에도 불구하고, 그 말씀에 자신을 맡기는 대신 그 말씀을 자신의 경험과 지식으로 판단한다.
② 말씀을 소중히 여기지만 말씀을 말씀대로 말하는 것이 얼마나 소중한지를 모른다.
③ 기껏 고백한 하나님의 말씀일지라도 평소 자신이 내뱉는 말로 그 말씀을 무효화시킨다.

우리 자신을 변화시키고 세상을 변화시킬 수 있는 능력의 비밀은 주의 말씀을 말씀대로 말하는 데 있습니다. 그동안 주의 말씀에 대한 책들이 수없이 많이 나왔지만, 그 말씀을 우리의 입술로 말씀대로 고백하는 것이 얼마나 소중한지에 대한 책들은 손에 꼽을 정도로 적습니다. 그마저도 하나님나라의 관점에서 복음을 온전히 전하지 않고, 단지 "주의 말씀을 고백할 때 우리가 성공할 수 있다"라는 기복적인 내용이 대부분이었습니다. 저는 이 책을 통해서 주의 말씀을 말하는 것이 왜 중요한지와 하나님의 자녀가 자신의 삶 속에서 어떻게 주의 뜻을 이루어가야 하는지에 대해 소개하고자 합니다.

　처음 하나님께서 말씀을 말하심으로 지으신 모든 세계는 보시기에 심히 좋았던 온전한 세상이었습니다. 하나님께서는 말씀으로 인간을 창조하시고 그들이 주님처럼 주의 말씀을 말함으로 이 땅을 다스리도록 하셨습니다. 그러나 인간이 타락함으로 인해 더 이상 하나님의 말씀을 말하지 못하게 되었고, 마귀가 좋아하는 말을 하게 되었습니다. 그 결과 이 땅의 피조세계는 하나님의 말씀과 달리 왜곡되고 변질되고 타락했습니다.

　그렇다면 이제 어떻게 해야 이 세상의 모든 것들을 하나님께서 지으신 대로 다시 회복시킬 수 있을까요? 바로 하나님의 자녀가 다시 하나님의 말씀을 말씀대로 말하는 것을 통해서입니다. 하나님의 말씀은 눈에 보이지 않는 영적 세계에 영원히 존재하고 있습니다. 하나님께서는 당신의 뜻을 이 땅에 이루시고자 당신의 말씀에 동의할 자녀를 지금도 찾고 계십니다. 눈에 보이는 대로, 귀에 들리는 대로, 마음에 생각나는 대로 말하지 않고, 진리의 영이신 성령님을 통해 주어지는, 영이요 생명이신 주의 말씀을 말씀대로 말하는 자 말입니다. 그

것이 바로 예수님께서 말씀하신 "네 믿은 대로 될지어다"의 뜻입니다.

저는 이 책을 통하여 하나님나라의 역사와 하나님 자녀의 삶을 말씀이 아니라 말씀을 말하는 역사로 새롭게 조명하였습니다. 그리고 하나님나라의 핵심은 단순한 말에 있지 않고 그 말에 따른 능력이 어떻게 나타나느냐에 있다는 사실을 설명하였습니다. 이 책은 3부로 나누어져 있습니다. 1부에서는 먼저 창조, 타락, 구속, 성화에 이르기까지 하나님나라의 역사가 단지 말씀이 아니라 말씀을 말함의 역사라는 사실을 성경을 통해서 살펴봄으로 새로운 통찰력을 갖도록 했습니다. 2부에서는 하나님의 자녀인 킹덤빌더가 주의 말씀을 어떻게 말해야 하는지에 대해서 구체적으로 살펴보았습니다. 그리고 3부에서는 하나님나라의 관점에서 주의 말씀을 실제적인 삶에 어떻게 적용할 수 있는지에 대해 설명했습니다. 마지막 부록에서는 우리가 먹고 말할 수 있는 말씀을 상황별로 정리해두었습니다.

지식만을 추구하는 독자는 이 책을 읽을 때 글이 중복되는 부분이 있다고 느낄 것입니다. 그러나 성령의 조명하심 가운데 자신을 정말 변화시키고자 하는 독자가 이 책을 읽어갈 때는 자연스럽게 자신의 뇌와 마음이 점점 더 새롭게 되어간다는 희열을 느끼게 될 것입니다. 왜냐하면 처음에는 내용을 파악하고 붙들려고 노력하기 때문에 불편함을 느끼지만 읽어갈수록 자연스럽게 자신의 마음이, 경험과 지식이 아닌 영으로부터 나오는 진리로 말미암아, 그 내용과 하나가 되어가는 것을 체험하게 될 것이기 때문입니다. 그것이 바로 성령의 역사이고, 글자에 대한 개념이 내 마음을 새롭게 하는 것이 아니라 영이신 말씀이 내 마음을 새롭게 하는 것입니다.

끝으로 이 책의 집필을 위해 기도해준 HTM 모든 사역자들과 작성된 원고를 읽고 다듬어준 정은영 팀장님과 윤성혜 교수님께 감사드리고, 지난 20년 동안 수많은 집회와 스쿨, 세미나, 수련회 등을 통하여 주의 말씀을 듣고 말씀대로 말함으로써 자신 안에 임한 하나님나라를 누리고 기적을 경험한 수많은 킹덤빌더들에게 이 책을 바칩니다.

손기철 박사
HTM 대표

CONTENTS

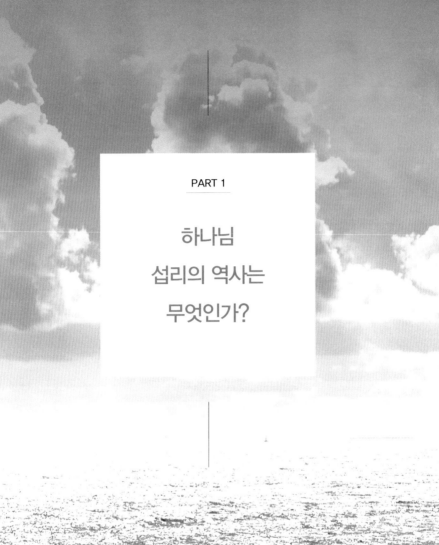

PART 1

하나님
섭리의 역사는
무엇인가?

CHAPTER 01

하나님나라의 역사는
말의 역사다

우리는 하나님을 어떻게 알 수 있습니까? 말씀을 통해서 알 수 있습니다. 왜냐하면 하나님께서 말씀이시기 때문입니다.

> 태초에 말씀이 계시니라 이 말씀이 하나님과 함께 계셨으니 이 말씀은 곧 하나님이시니라 요 1:1

창조의 핵심은 무엇인가?

하나님께서는 이 세상에 그분의 사랑을 나타내시기 위해 모든 피조세계와 인간을 말씀으로 창조하셨습니다. 맞는 말이지만 더 정확히 말하자면 하나님께서는 말씀이시고, 그 말씀을 말하심으로 천지만물을 지으셨습니다. 모든 창조의 역사는 삼위일체 하나님께서 함께하심으로 이루어집니다. 성부 하나님께서 그 뜻을 말씀하실 때, 성자 하나님께서 바로 그 말씀이 되셨고, 성령 하나님께서는 영광 가운데 그 말씀을 이루셨습니다. 창조 역사의 핵심은 바로 하나님께서 자신의 뜻(말씀)을 말할 때 이루어진다는 데 있습니다.

창세기 1장에서 창조의 역사는 하나님께서 말씀을 말하심으로 이루어졌습니다(창 1:6,9,14,20,24,26). 한글성경과 영어성경에는 "이르시되"(God said), "부르시고"(God called)라고 기술되어 있습니다.

> 2 땅이 혼돈하고 공허하며 흑암이 깊음 위에 있고 하나님의 영은 수면 위에 운행하시니라 3 하나님이 이르시되 빛이 있으라 하시니 빛이 있었고
> 창 1:2,3

> 하나님이 빛을 낮이라 부르시고 어둠을 밤이라 부르시니라 저녁이 되고 아침이 되니 이는 첫째 날이니라 창 1:5

우리는 위의 두 구절을 통해서도 엄청난 창조 비밀을 알게 됩니다. 첫째는 하나님께서 당신의 뜻인 말씀으로, 즉 보이지 않는 말씀으로 보이는 모든 피조세계를 창조하시고 존재하게 하셨다는 것입니다. 말씀은 영이요 생명이며, 시공간을 초월하여 영원히 존재하며, 온 우주를 통치하시는 하나님 자신이시기도 합니다. 하나님의 창조 역사는 지금 우리가 가지고 있는 인과적 사고방식[1]으로는 도저히 이해될 수 없습니다. 피조물인 우리는 늘 직선적 시간 속에서 이미 경험한 것들을 규정하고 말하는 삶을 살고 있습니다. 물론 미래에 대해서도 말하지만 자신이 과거에 경험한 것에 기초하여 추론할 뿐입니다. 그러나 창조 사역은 하늘에 계신 하나님께서 결과를 먼저 선포하심으

---

1   어떤 결과는 반드시 시간의 축상에서 그 결과를 나타낼 수 있는 원인에 의해서 일어난다는 사고방식

로 그 원인이 미래적으로(논리적 시간상) 이 땅에 나타난 것입니다. 다시 한번 "하나님이 이르시되 빛이 있으라 하시니 빛이 있었고"(창 1:3) 이 말씀을 생각해보십시오.

둘째는 지금 우리가 오감으로 지각하는 것이 실재가 아니며 우리가 보는 실체의 근원은 바로 보이지 않는 영이요 생명이신 말씀이라는 것입니다. 히브리서 기자는 이것을 한마디로 다음과 같이 정의했습니다.

믿음으로 모든 세계가 하나님의 말씀으로 지어진 줄을 우리가 아나니 보이는 것은 나타난 것으로 말미암아 된 것이 아니니라 히 11:3

여호와여 주의 말씀은 영원히 하늘에 굳게 섰사오며 시 119:89

영이요 생명이신 말씀은 영원불멸합니다. 말씀이 없어진다는 것은 말씀이신 창조주 하나님께서 없어진다는 것과 동일한 말입니다. 지금 보이는 우주는 살아 계시고 지금도 역사하시는 그분의 말씀 때문에 존재하는 것입니다.

천지는 없어질지언정 내 말은 없어지지 아니하리라 마 24:35

24 그러므로 모든 육체는 풀과 같고 그 모든 영광은 풀의 꽃과 같으니 풀은 마르고 꽃은 떨어지되 25 오직 주의 말씀은 세세토록 있도다 하였으니

너희에게 전한 복음이 곧 이 말씀이니라 벧전 1:24,25

그리고 셋째는 이 피조세계가 멸망하지 않고 지금까지 존재하는 것은 지금도 이 우주가 존재하도록 하나님께서 그의 말씀으로 붙들고 계시기 때문이라는 것입니다.

이는 하나님의 영광의 광채시요 그 본체의 형상이시라 그의 능력의 말씀으로 만물을 붙드시며 죄를 정결하게 하는 일을 하시고 높은 곳에 계신 지극히 크신 이의 우편에 앉으셨느니라 히 1:3

이미 언급한 바와 같이 하나님께서는 '말씀을 말하심으로' 천지만물을 창조하셨습니다. 이 비밀을 깨닫게 하는 것이 이 책의 목적입니다. 하나님은 말씀이시고, 오직 당신의 말씀만을 이루는 분이십니다. 하나님은 전지전능하시지만 말씀 밖의 일을 행하지 않으십니다.

하나님은 사람이 아니시니 거짓말을 하지 않으시고 인생이 아니시니 후회가 없으시도다 어찌 그 말씀하신 바를 행하지 않으시며 하신 말씀을 실행하지 않으시랴 민 23:19

내 언약을 깨뜨리지 아니하고 내 입술에서 낸 것은 변하지 아니하리로다 시 89:34

내가 동쪽에서 사나운 날짐승을 부르며 먼 나라에서 나의 뜻을 이룰 사람을 부를 것이라 내가 말하였은즉 반드시 이룰 것이요 계획하였은즉 반드시 시행하리라 사 46:11

내 입에서 나가는 말도 이와 같이 헛되이 내게로 되돌아오지 아니하고 나의 기뻐하는 뜻을 이루며 내가 보낸 일에 형통함이니라 사 55:11

입술의 열매를 창조하는 자 여호와가 말하노라… 사 57:19

여호와께서 내게 이르시되 네가 잘 보았도다 이는 내가 내 말을 지켜 그대로 이루려 함이라 하시니라 렘 1:12

창세기부터 요한계시록까지 성경에 나타난 인류의 역사는 하나님께서 인간의 타락 후 이 땅에 그의 나라를 회복시키시기 위해 인간과 맺으신 언약을 통해 그분의 뜻을 이루어가시는 이야기라고 말할 수 있습니다. 그 언약은 하나님과 우리 사이의 말로써 이루어진 것입니다. 우리는 말씀의 소중함은 알지만, 그 말씀을 말하는 것이 얼마나 중요한 것인지를 간과하며 살고 있습니다. 말씀을 알고 기억하는 머리의 역할은 중요시하면서도 정작 우리 마음에 가득한 하나님의 말씀을 말하는 혀와 입술의 역할에 대해서는 잘 모르고 살고 있습니다. 하나님께서 인간과 맺으신 최초의 행위언약도 말씀으로 맺으신 것인데도 말입니다.

*16 여호와 하나님이 그 사람에게 명하여 이르시되 동산 각종 나무의 열매
는 네가 임의로 먹되 17 선악을 알게 하는 나무의 열매는 먹지 말라 네가
먹는 날에는 반드시 죽으리라 하시니라 창 2:16,17*

마귀는 말로 인간을 속여 타락시켰다

마귀는 하나님의 뜻을 알면서도 자신의 말로 인간의 마음을 혼미케
하였습니다.

*그런데 뱀은 여호와 하나님이 지으신 들짐승 중에 가장 간교하니라 뱀이
여자에게 물어 이르되 하나님이 참으로 너희에게 동산 모든 나무의 열매를
먹지 말라 하시더냐 창 3:1*

불행하게도 하와는 마귀의 말을 듣고 그 말에 대하여 자신의 마음
으로 반응하였습니다. 그리고 자유의지를 가지고 자신의 생각으로
판단하고 말했습니다.

*2 여자가 뱀에게 말하되 동산 나무의 열매를 우리가 먹을 수 있으나 3 동
산 중앙에 있는 나무의 열매는 하나님의 말씀에 너희는 먹지도 말고 만지
지도 말라 너희가 죽을까 하노라 하셨느니라 창 3:2,3*

그러자 마귀는 말로 하와를 유혹하여 자신의 마음을 하와에게 주

입하였습니다.

> 4 뱀이 여자에게 이르되 너희가 결코 죽지 아니하리라 5 너희가 그것을 먹
> 는 날에는 너희 눈이 밝아져 하나님과 같이 되어 선악을 알 줄 하나님이 아
> 심이니라 창 3:4,5

하와는 피조물임에도 불구하고, "하나님과 같이 되어"라는 말에 유
혹되어 하나님과의 약속의 말씀을 따르기보다 마귀의 말을 자신의
마음에 채우고 그 말을 따랐습니다.

> 여자가 그 나무를 본즉 먹음직도 하고 보암직도 하고 지혜롭게 할 만큼 탐
> 스럽기도 한 나무인지라 여자가 그 열매를 따먹고 자기와 함께 있는 남편
> 에게도 주매 그도 먹은지라 창 3:6

그 결과 하나님의 영은 인간으로부터 떠나게 되었고, 자신이 진정
어떤 존재인지 알지 못한 채 스스로의 삶을 영위하는 타락한 존재가
되어버렸습니다. 마귀의 말에 속아 마귀의 말에 동의할 때 하나님과
의 약속을 저버리게 되었고, 하나님의 생명이 떠나게 되어 영적 죽음을
경험하게 되었습니다. 그때부터 인간은 하나님의 말씀을 이루는 존
재가 아니라 마귀의 본성에 기초하여 세상에서 마귀의 통치함을 받는
존재로 전락하게 된 것입니다.

우리가 이 세상에 사는 동안에 경험하는 수많은 환난과 고난, 질병

과 죽음, 관계의 깨어짐과 묶임, 가난과 저주는 왜 일어납니까? 그것은 인간과 세상이 마귀의 통치 아래 놓여 있기 때문입니다. 그렇다면 그것은 무엇을 의미합니까? 바로 하나님의 영이 떠남으로 인하여 인간이 하나님의 말씀을 말씀대로 말할 수 있는 권세를 잃어버렸다는 뜻입니다. 죄로 인하여 하나님과 분리된 인간은 하나님의 의식 대신에 자기 의식으로 자신의 생각과 느낌대로 말하는 존재로 전락하였습니다.

그러나 하나님께서는 창조하신 이 세상과 그 자녀를 한 번도 포기하지 않으시고, 본래의 창조 목적을 이루시기 위해서 그 백성들과 언약을 맺으시며, 하나님이 누구신지 계시하시고, 하나님의 법을 알려 주심으로 그들로 하여금 다시 하나님나라로 돌아오도록 하셨습니다. 인간이 죄를 짓고 하나님의 생명으로부터 분리된 직후에도 하나님께서는 예수 그리스도를 통해 그의 나라를 이루실 것을 선포하시고 (창 3:15), 그 뒤 율법을 통하여, 많은 선지자들을 통하여 주님의 뜻을 나타내셨습니다. 마침내 때가 이르러 하나님께서는 인간을 구원하시기 위하여 그 아들 예수 그리스도를 이 땅에 보내셨습니다.

내가 너로 여자와 원수가 되게 하고 네 후손도 여자의 후손과 원수가 되게 하리니 여자의 후손은 네 머리를 상하게 할 것이요 너는 그의 발꿈치를 상하게 할 것이니라 하시고 **창 3:15**

말씀이 육신이 되어 이 땅에 오신 예수

예수님께서 이 땅에 오시기 전에는 말씀으로 계셨습니다(요 1:1).

> 1 태초부터 있는 생명의 말씀에 관하여는 우리가 들은 바요 눈으로 본 바요 자세히 보고 우리의 손으로 만진 바라 2 이 생명이 나타내신바 된지라 이 영원한 생명을 우리가 보았고 증언하여 너희에게 전하노니 이는 아버지와 함께 계시다가 우리에게 나타내신바 된 이시니라 요일 1:1,2

본래 말씀은 영이고 생명인데, 하나님의 생명이 없는 인간은 하나님의 말씀을 영으로 들을 수 없게 되었습니다. 그래서 하나님께서는 말씀이신 예수 그리스도를 육신으로 보내셨고, 예수님께서는 인자로서 하나님나라의 비밀을 비유로 말씀하심으로 그 백성들로 하여금 깨닫도록 하셨습니다. 하나님께서 친히 이 땅에 오셔서 말씀을 말하심으로 인간을 다시 하나님의 자녀로 구원하고자 하신 것입니다.

> 말씀이 육신이 되어 우리 가운데 거하시매 우리가 그의 영광을 보니 아버지의 독생자의 영광이요 은혜와 진리가 충만하더라 요 1:14

> 죄를 짓는 자는 마귀에게 속하나니 마귀는 처음부터 범죄함이라 하나님의 아들이 나타나신 것은 마귀의 일을 멸하려 하심이라 요일 3:8

하나님께서는 아담과 하와가 마귀의 유혹에 넘어가 하나님께서 주신 위임된 통치권[2]을 마귀에게 넘겨준 것을 되찾기 위해서, 인자로 오신 예수님으로 하여금 성령에 이끌려 광야로 가서서 마귀의 시험을 받도록 하셨습니다. 이것은 누가복음에 잘 나와 있습니다.

> 5 마귀가 또 예수를 이끌고 올라가서 순식간에 천하만국을 보이며 6 이르되 이 모든 권위와 그 영광을 내가 네게 주리라 이것은 내게 넘겨 준 것이므로 내가 원하는 자에게 주노라 7 그러므로 네가 만일 내게 절하면 다 네 것이 되리라 눅 4:5-7

예수님께서는 마귀의 일을 멸하심으로, 우리를 흑암의 권세 아래에서 벗어나 하나님의 사랑의 아들의 나라로 옮겨주셨습니다. 하나님께서 어떻게 마귀의 일을 멸하셨는지 생각해보십시오.

> 그가 우리를 흑암의 권세에서 건져내사 그의 사랑의 아들의 나라로 옮기셨으니 골 1:13

예수님께서는 인자로 이 땅에 오셨지만 완전한 신성을 가진 하나님이셨습니다. 그분은 본래 죄가 없으신 분이기 때문에, 그 영혼이 세상에 묶인 마음에 지배를 받지 않고, 오직 성령 안에서 하나님의 말씀의 인도함을 받았습니다. 예수님은 오직 하나님의 말씀을 말하심으

---

2 하나님의 말씀을 말씀대로 말함으로써 세상을 다스리는 권세

로 마귀의 일을 멸하셨습니다. 우리는 이것을 마태복음 4장 1-11절 말씀을 통하여 잘 알 수 있습니다.

마귀는 처음 인간을 타락시킬 때처럼 하나님의 말씀을 교묘하게 이용하여 자신의 말로써 예수님을 대적했습니다. 그러나 예수님께서는 성령 충만함을 받고 성령의 인도하심을 받아, 마귀의 말에 반응하는 것이 아니라 하나님의 말씀을 말하심으로(하나님 아버지의 말씀에 동의하심으로) 마귀의 일을 멸하셨습니다. 그 핵심 단어는 "이르시되", "기록하였으되"입니다.

1 그 때에 예수께서 성령에게 이끌리어 마귀에게 시험을 받으러 광야로 가사 2 사십 일을 밤낮으로 금식하신 후에 주리신지라 3 시험하는 자가 예수께 나아와서 이르되 네가 만일 하나님의 아들이어든 명하여 이 돌들로 떡덩이가 되게 하라 4 예수께서 대답하여 이르시되 기록되었으되 사람이 떡으로만 살 것이 아니요 하나님의 입으로부터 나오는 모든 말씀으로 살 것이라 하였느니라 하시니 5 이에 마귀가 예수를 거룩한 성으로 데려다가 성전 꼭대기에 세우고 6 이르되 네가 만일 하나님의 아들이어든 뛰어내리라 기록되었으되 그가 너를 위하여 그의 사자들을 명하시리니 그들이 손으로 너를 받들어 발이 돌에 부딪치지 않게 하리로다 하였느니라 7 예수께서 이르시되 또 기록되었으되 주 너의 하나님을 시험하지 말라 하였느니라 하시니 8 마귀가 또 그를 데리고 지극히 높은 산으로 가서 천하만국과 그 영광을 보여 9 이르되 만일 내게 엎드려 경배하면 이 모든 것을 네게 주리라 10 이에 예수께서 말씀하시되 사탄아 물러가라 기록되었으되 주 너의 하나님께 경

배하고 다만 그를 섬기라 하였느니라 11 이에 마귀는 예수를 떠나고 천사
들이 나아와서 수종드니라 마 4:1-11

마귀는 태초에 자신의 말로 하와를 유혹하였듯이 인자로 오신 예
수님을 유혹할 수 있다고 생각했습니다. 그래서 성경에 기록된 말씀
을 인용하여 유혹한 것입니다. 그러나 예수님께서는 마귀의 말을 마
음에 담고 그 말에 반응하신 것이 아니라(대화하는 것이 아니라) 진리
의 영으로부터 오는 하나님의 말씀을 그 마음에 담아 오직 그것만을
말하셨습니다. 이것이 바로 첫 번째 아담과 두 번째 아담의 차이입니
다(고전 15:22). 그분은 어떤 경우에도 세상과 세상의 말에 마음을 두
지 않으셨습니다. 오직 하나님의 말씀을 그 마음에 두고 그 말씀만을
말하셨습니다.

49 내가 내 자의로 말한 것이 아니요 나를 보내신 아버지께서 내가 말할 것
과 이를 것을 친히 명령하여 주셨으니 50 나는 그의 명령이 영생인 줄 아노
라 그러므로 내가 이르는 것은 내 아버지께서 내게 말씀하신 그대로니라
하시니라 요 12:49,50

지금도 마귀가 인간에게 하는 일

다시 한번 기억해보십시오. 본래 하나님의 말씀으로 창조된 하나님
의 자녀들은 하나님의 생명 안에서 하나님의 말씀을 말함으로 이 땅

에 하나님의 뜻을 이루도록 지음을 받은 존재입니다(이 부분에 대해서는 다음 장에서 더 구체적으로 알아보도록 하겠습니다). 그러나 마귀는 자신의 말로써 인간을 속여 그들이 자신의 말에 동의하도록 만들었습니다. 그것이 바로 인간으로 하여금 죄를 짓게 하는 마귀의 전략인 것입니다. 그 결과로 하나님의 영광이 떠나고 인간은 스스로 존재하는 독립적 존재로 타락하게 되었습니다. 하나님으로부터 분리된 인간은 이 세상에서 자신의 존재를 유지하기 위해서 세상의 것들과 자신을 동일시함으로써 거짓자아[3]를 만들게 되었고, 거짓자아는 보이는 대로, 들리는 대로, 생각나는 대로 말하게 되었으며, 그로 말미암아 세상을 통치하는 세상 신에게 종노릇하게 된 것입니다.

지금 마귀가 인간에게 하는 일은 인간의 마음이 현실에 묶이게 함으로써 육의 생각을 하고, 육의 말을 하게 하는 것입니다. 그래야만 마귀 자신의 나라를 유지하고, 이 세상과 인간을 통치할 수 있기 때문입니다. 그렇게 함으로써 하나님의 말씀을 알지 못하게 하고, 하나님의 말씀을 말하지 못하게 하는 것입니다. 다른 말로 인간의 고백이 하나님의 말씀에 일치되지 않도록 하는 것입니다.

---

3   심리학에서는 자아를 에고라고 부르지만, 성경에서는 겉사람 또는 자기라고 부릅니다. 이 책에서는 물과 성령으로 거듭난 새로운 피조물(예수 그리스도 안에 있는 영적 존재 또는 속사람)의 관점에서 볼 때 육신에 속한 자신을 겉사람 또는 거짓자아로 부릅니다.

1 하나님께서는 어떻게 천지만물을 창조하셨습니까?

2 마귀는 어떻게 인간을 타락시켰습니까?

3 예수님은 어떻게 마귀의 일을 멸하셨습니까?

4 마귀는 지금도 우리를 어떻게 속이고 있습니까?

CHAPTER 02

인간의 역사는
말의 역사다

지난 장을 통해 우리는 하나님께서 말씀을 말하심으로 천지만물을 창조하셨고, 마귀도 하나님의 말씀을 교묘하게 이용하여 말함으로써 하나님께서 지으신 인간을 타락시켰으며, 마침내 때가 되었을 때 하나님께서는 인간을 구원하기 위해서 말씀이신 예수 그리스도를 이 땅에 보내서서 하나님의 말씀을 말하게 하심으로 마귀의 일을 멸하셨다는 사실을 알게 되었습니다. 앞서 잠시 언급하였지만, 이 장에서는 인간의 관점에서 하나님나라의 역사를 다시 한번 보도록 합시다.

인간은 어떻게 창조되었는가? 왜 창조하셨는가?

우리는 다음 말씀을 통하여 삼위일체 하나님께서 인간을 창조하셨음을 알 수 있습니다.

> 26 하나님이 이르시되 우리의 형상을 따라 우리의 모양대로 우리가 사람을 만들고 그들로 바다의 물고기와 하늘의 새와 가축과 온 땅과 땅에 기는 모든 것을 다스리게 하자 하시고 27 하나님이 자기 형상 곧 하나님의 형상대로 사람을 창조하시되 남자와 여자를 창조하시고 창 1:26,27

여호와 하나님이 땅의 흙으로 사람을 지으시고 생기를 그 코에 불어넣으시니 사람이 생령이 되니라 창 2:7

하나님께서는 모든 피조물을 흙으로 지으시되 오직 인간에게만 하나님의 생명을 불어넣어 하나님의 자녀가 되게 하셨습니다. 하나님께서 말씀을 말하심으로 인간을 창조하실 때 "우리의 형상을 따라(in our image) 우리의 모양대로(to be like us) 우리가 사람을 만들고"(창 1:26)라고 하셨습니다. 이것은 신비롭고 경이로운 말씀입니다. 이때 '형상'이라는 말은 히브리어 '첼렘'(צֶלֶם 그늘지다)으로부터 나온 말로 "그림자"라는 뜻입니다. 즉 인간은 피조물로서 하나님의 생명을 반영하는 존재이며, 하나님과 동일하게 하나님의 말씀을 말함으로써 주의 뜻을 이루는 자라는 뜻입니다. 이것은 "모든 생물을 다스리게 하자"라는 말씀을 통해서도 알 수 있습니다(창 1:28).

인간은 이 땅에서 하나님의 자녀로서 하나님처럼 하나님의 창조 사역에 동참하도록 지음을 받았습니다. 이때 창조 사역은 무에서 유를 창조하는(create) 히브리어 '빠라'(בָּרָא 창 1:1)가 아니라 이미 존재하는 것을 가지고 창조 사역을 하는 '아싸'(עָשָׂה 창 2:7)를 말합니다. 어떻게 말입니까? 바로 하나님의 생명 안에 있는 하나님의 말씀을 말씀대로 말함으로써 주께서 창조하신 피조세계를 다스림을 통해서입니다. 그것이 바로 자녀에게 주신 위임된 통치권이며, 자녀를 통해 이 땅에 하나님의 통치가 이루어지도록 하는 것입니다. 위임된 통치권을 가진다는 것은 이 땅에 하나님의 뜻을 이루어가는 권세와 능력을 가진다는 뜻입니다. 그 통치권이 어떻게 나타납니까? 그것은 하나님과 동일하게 말함으로써 나타나는 것입니다. 이 사역의 첫 번째 예가 아담에게 하나님의 뜻대로 말하게 하신 것입니다.

> 여호와 하나님이 흙으로 각종 들짐승과 공중의 각종 새를 지으시고 아담이 무엇이라고 부르나 보시려고 그것들을 그에게로 이끌어 가시니 아담이 각 생물을 부르는 것이 곧 그 이름이 되었더라 창 2:19

하나님께서는 무엇으로 피조세계를 창조하시고 인간과 교제하셨습니까? 바로 말씀입니다. 그렇다면 하나님의 영을 가진 인간은 무엇으로 이 땅과 모든 생물을 다스릴 수 있나요? 바로 하나님의 말씀을 말씀대로 말함으로써입니다.

아담과 하와가 타락하기 전 그들의 말은 지금과 동일하게 입술을 통해서 나왔지만, 그 말은 영이요 생명인 하나님의 말씀이었습니다. 인간의 입술을 통해 나온 말의 근원은 영이었습니다. 지금처럼 우리의 경험과 지식에 기초한 기억으로 가득 채운, 마음으로부터 나오는 생각을 말하지 않습니다. 하나님의 영으로부터 주어지는 하나님의 말씀을 그 마음과 입술을 통하여 말한 것입니다. 하나님께서 말씀을 말하심으로 창조하신 것처럼, 하나님의 형상으로 지음을 받고 하나님의 영이 있는 인간도 하나님의 말씀을 말할 수 있었습니다. 그리고 그 말씀으로 하나님의 창조 역사에 동참할 수 있었습니다.

우리에게 하나님을 본받는 자가 되라고 하신 말씀은 무엇을 의미하는 것일까요? 다시금 하나님의 말씀을 말씀대로 말하는 자가 되라는 것입니다. 할렐루야!

그러므로 사랑을 받는 자녀같이 너희는 하나님을 본받는 자가 되고 엡 5:1

타락한 후 인간의 자아는 어떻게 만들어졌는가?

우리는 지금 보고 듣고 생각하고 느끼는 것을 통하여 자신이 만들어졌다고 생각하지만 사실은 그렇지 않습니다. 실제 우리는 어떻게 만들어졌을까요? 놀랍게도 다른 사람의 말로 만들어졌다는 것을 아는 사람이 거의 없습니다. 생각해보십시오. 우리의 자아는 태어나서부터 부모와 가족들의 말과 표정으로 형성된 것 아닙니까? 놀랍지 않습니까!

우리는 타락한 후에도 말로써 지음을 받았습니다. 말에 기초해서 단어와 개념을 만들었습니다. 그리고 그것을 통해서 세상을 보고 다른 사람과 관계하고 있습니다. 지금도 우리는 다른 사람의 말을 통해 우리의 마음을 만들어가고 있습니다. 우리 마음에서 일어나는 고통과 기쁨이 어디로부터 온 것인지 다시 한번 생각해보십시오.

우리 부모가 온전한 사람인가요? 그렇지 않다는 것을 잘 알 것입니다. 어느 누구도 온전한 사람은 없습니다.

기록된바 의인은 없나니 하나도 없으며 **롬 3:10**

우리는 사랑받기 위해 태어난 존재이지만, 어떤 면에서 보면 우리의 부모는 자녀들에게 가해자의 역할을 합니다. 왜냐하면 우리의 부모 역시 마귀의 본성을 지닌 자로 태어났기 때문입니다.

너희는 너희 아비 마귀에게서 났으니 너희 아비의 욕심대로 너희도 행하고 자 하느니라 그는 처음부터 살인한 자요 진리가 그 속에 없으므로 진리에 서지 못하고 거짓을 말할 때마다 제 것으로 말하나니 이는 그가 거짓말쟁 이요 거짓의 아비가 되었음이라 **요 8:44**

피해자인 자식도 이 세상에 살며 다시 자식을 낳게 되면 역시 가해 자가 됩니다. 그 일을 행하는 중심에는 마음에 가득한 말이 있습니 다. 우리는 타락한 부모의 말로 지음을 받고, 타락한 말로 자식을 만 들어가는 것입니다. 우리의 삶을 다시 한번 생각해보십시오. 우리는 자신의 말로 자신을 만들어가고, 결국에는 그 말한 것에 대하여 심판 을 받게 됩니다. 왜냐하면 마음에 가득한 것을 입으로 말하고, 그 말 한 대로 현실을 만들고, 그 현실을 경험하며 살기 때문입니다.

34 독사의 자식들아 너희는 악하니 어떻게 선한 말을 할 수 있느냐 이는 마 음에 가득한 것을 입으로 말함이라 35 선한 사람은 그 쌓은 선에서 선한 것을 내고 악한 사람은 그 쌓은 악에서 악한 것을 내느니라 36 내가 너희

에게 이르노니 사람이 무슨 무익한 말을 하든지 심판 날에 이에 대하여 심
문을 받으리니 37 네 말로 의롭다 함을 받고 네 말로 정죄함을 받으리라
마 12:34-37

20 사람은 입에서 나오는 열매로 말미암아 배부르게 되나니 곧 그의 입술
에서 나는 것으로 말미암아 만족하게 되느니 21 죽고 사는 것이 혀의 힘에
달렸나니 혀를 쓰기 좋아하는 자는 혀의 열매를 먹으리라 잠 18:20,21

타락한 인간의 말에도 능력이 있는가?

타락의 결과 인간은 하나님의 말씀을 말하는 것이 아니라 육신의 오
감을 통해서 인식하고 감각되는 것만을 말하는 존재로 전락했습니
다. 하나님께서는 천지만물을 창조하실 때 인간에게 믿음의 법칙을
주셨습니다. 이 믿음의 법칙은 모든 피조물에게 적용되는 일반은혜입
니다. 그것은 마음에 가득한 것을 말하며, 그 말한 열매를 먹고 살도
록 하는 법칙입니다.

우리는 생각(상상)을 통해서 자신의 마음에 어떤 이미지를 가득 채
우게 되고, 그 채운 것을 의식적으로 또는 무의식적으로 말하면서 삽
니다. 우리는 흔히 믿음으로 산다고 말하지만, 하나님의 창조 역사를
좀 더 정확히 말하자면 우리는 믿는 대로 사는 것이 아니라 믿은 대
로 말하며 살고 있습니다. 안타깝게도 많은 사람들이 이것을 제대로
깨닫지 못하고 있습니다. 믿음이 참으로 중요하지만 단순히 마음에

믿는다는 그 자체만으로는 아무 일도 일어나지 않습니다. 성경의 말씀을 자세히 보면 믿음 안에는 마음의 믿음과 입술의 고백 그리고 그에 따른 행동 모두가 포함된다는 것을 알 수 있습니다.

> 스스로 속이지 말라 하나님은 업신여김을 받지 아니하시나니 사람이 무엇으로 심든지 그대로 거두리라 갈 6:7

> 사람이 마음으로 믿어 의에 이르고 입으로 시인하여 구원에 이르느니라 롬 10:10

> 네가 보거니와 믿음이 그의 행함과 함께 일하고 행함으로 믿음이 온전하게 되었느니라 약 2:22

> 입술의 열매를 창조하는 자 여호와가 말하노라… 사 57:19

이러한 하나님의 말씀을 도용하여 '믿음의 고백', '긍정의 고백', '능력의 말'과 같은 뉴에이지적 사상들이 세상에 퍼지고 있습니다. 뉴에이지 사상을 따르는 사람들은 자신의 잠재의식 내에 원하는 것을 구체적으로 이미지화하여 기록하고, 그것을 자신의 입으로 고백함으로써 자신이 원하는 것은 무엇이든지 얻어낼 수 있다고 가르칩니다.

그 말이 틀린 것일까요? 그렇지 않습니다. 마음의 믿음과 입술의 고백이 일치할 때 믿음의 법칙이 작동됩니다. 그 방법은 그들이 만들어낸 것이 아니라 본래 하나님께서 만드신 법칙입니다. 그렇게 자신들의 건강과 번영을 추구하기 위해서 하나님의 법칙까지 도용하여 적용한 셈입니다.

그렇다면 지금 우리의 현실은 어떻습니까? 세상 사람들은 오히려 이 믿음의 법칙이 어떻게 돌아가는지 잘 알고 그것을 활용하는 반면에, 그리스도인들은 열심히 신앙생활은 하지만 이 믿음의 법칙을 제대로 알지 못하고, 하나님의 뜻을 어떻게 이루어가야 할지 모르는 경우가 많습니다. 우리가 하나님나라의 복음을 제대로 알고 적용하지 못하기 때문에, 그들의 종노릇을 하거나 그들에게 비웃음을 당하고 있습니다.

> … 이 세대의 아들들이 자기 시대에 있어서는 빛의 아들들보다 더 지혜로움이니라 눅 16:8

한편, 행복과 성공을 추구하는 것과는 반대로 우리 스스로 내린 저주에 대해서도 생각해보십시오. "이런, 감기에 걸린 거 같아", "오늘밤에 잠이 오지 않겠는 걸", "늘 이맘때 알레르기로 고생해", "이렇게 가다가는 죽을 거야" 등 우리는 살아가면서 부정적인 선포(예언)를 하고 그 결과를 경험하며 삽니다. 부정적 예언이 모두 이루어진다면 우리는 이미 이 세상에 살아남지 못했을 것입니다. 그나마 다행인 것은 우리 마음의 믿음과 입술의 말이 일치하지 않아 우리가 말한 모든 것이 다 이루어지지는 않았다는 것입니다. 생각해보십시오. 우리가 "…해서 죽고 싶어"라고 말할 때 그 말대로 된다면 이 세상에 누가 살아남을 수 있겠습니까?

결국 문제의 핵심은 믿음의 법칙이 아니라 믿음의 내용, 즉 무엇을 믿느냐에 달려 있습니다. 하나님의 생명이 있는 자는 이 땅에 하나님의 뜻을 이루기 위해서 하나님의 말씀을 그 마음에 두지만, 하나님의 생명이 없는 자는 자신의 욕심을 채우기 위해서 세상 것들을 그 마음에 둡니다. 오늘날 가장 큰 문제는 뉴에이지에서 그런 것을 많이 유포하고 사용한다는 이유로 많은 그리스도인들이 하나님이 주신 이 놀라운 믿음의 법칙을 배척할 뿐만 아니라 사용하지도 않는다는 것입니다. 이것은 짝퉁이 판을 치기 때문에 더 이상 명품을 만들지 않는 것만큼이나 어리석은 일입니다. 진짜가 무엇인지를 제대로 보여줄 때 가짜가 사라지지 않겠습니까?

예수께서 이르시되 할 수 있거든이 무슨 말이냐 믿는 자에게는 능히 하지 못할 일이 없느니라 하시니 막 9:23

하나님의 생명이 있는 하나님의 자녀들은 그리스도 안에서 하늘에 있는 (영이요 생명이신) 말씀을 자신의 마음에 두지만, 하나님의 생명이 없는 자들은 자신들의 마음에 행복과 만족을 주는 세상적인 것들로 채웁니다. 하나님의 자녀들은 하나님의 영광을 드러내기 위해서 주의 말씀을 고백하지만, 불신자들은 자신들의 행복을 추구하기 위해서 원하는 것을 고백합니다. 전자에게는 죄 사함, 하나님나라의 삶, 하나님의 뜻, 영생이 주어지지만, 후자에게는 자신이 생각하는 세상적인 행복과 이 세상 부귀영화, 마귀의 뜻, 영원한 형벌이 주어질 뿐입니다.

> 1 그러므로 너희가 그리스도와 함께 다시 살리심을 받았으면 위의 것을 찾으라 거기는 그리스도께서 하나님 우편에 앉아 계시느니라 2 위의 것을 생각하고 땅의 것을 생각하지 말라 3 이는 너희가 죽었고 너희 생명이 그리스도와 함께 하나님 안에 감추어졌음이라 골 3:1-3

세상 사람들은 어떻게 살아가고 있는가?

하나님의 영이 없는 영혼은 자신이 누구인지를 모르며, 세상 신에 종노릇하는 거짓자아에 묶이게 됩니다.

> 그 때에 너희는 그 가운데서 행하여 이 세상 풍조를 따르고 공중의 권세 잡은 자를 따랐으니 곧 지금 불순종의 아들들 가운데서 역사하는 영이라
> 엡 2:2

인간은 세상 신에 속아 자아를 의식하기 위해서 세상의 것들(사람들의 관습과 전통, 초등학문, 세상풍조 등)을 자신과 동일시하는 마음과 그 마음이 만든 시간(과거와 미래), 그리고 상상(자신의 생각)으로 만든 세상을 따르게 되며, 그것을 자신(자아)이라고 생각합니다. 이 거짓자아를 심리학에서는 에고(ego), 성경에서는 겉사람(육체에 속한 사람)

이라고 합니다. 하나님의 영광이 떠남으로 공중 권세 잡은 세상 신에 속하게 되었다는 것은 바로 이 거짓자아가 더 이상 하나님의 뜻을 알지 못하고, 하나님의 말씀을 말할 수 없게 되었다는 뜻입니다. 결국 마귀의 자녀로 마귀의 생각을 우리 마음에 담고 우리 입술로 말하며 마귀의 뜻을 이루며 살아갑니다.

그중에 이 세상의 신이 믿지 아니하는 자들의 마음을 혼미하게 하여 그리스도의 영광의 복음의 광채가 비치지 못하게 함이니… 고후 4:4

전에는 우리도 다 그 가운데서 우리 육체의 욕심을 따라 지내며 육체와 마음의 원하는 것을 하여 다른 이들과 같이 본질상 진노의 자녀이었더니 엡 2:3

18 입에서 나오는 것들은 마음에서 나오나니 이것이야말로 사람을 더럽게 하느니라 19 마음에서 나오는 것은 악한 생각과 살인과 간음과 음란과 도둑질과 거짓 증언과 비방이니 마 15:18,19

마귀는 거짓자아로 하여금 자신의 기억에 기초한 경험과 지식 그리고 마음의 사고체계에 따른 자신의 말을 하게 합니다. 보이는 대로, 느끼는 대로, 들리는 대로, 생각나는 대로 말하게 합니다. 그것이 바로 마귀가 이 세상을 통치하는 비밀입니다. 마귀는 지금 이 세상에 영향을 미치고 있지만 실은 하나님의 피조물일 뿐입니다. 마귀는 하나님의 말씀이 무엇인지를 정확히 알기 때문에 우리로 하여금 하나님의 말씀을 말씀대로 말하지 못하게 하여 인간을 통치하는 것입니다. 세상은 우리 마음의 믿음과 입술의 말로 이루어지는데, 마귀는 자신의 통치권을 유지하기 위해서 우리로 하여금 우리가 세상의 영향을 받는 제한적인 존재라고 믿게 하고, 우리 마음에 가득한 것을 말하게 합니다.

예를 들어, 우리가 어려운 상황에 처해 있다고 생각해보십시오. 우리는 있는 그대로의 현실이나 자신의 느낌을 말합니다. "…때문에 정말 힘드네요", "…으로 점점 더 심해지네요", "…때문에 아무런 변화가 없어요", "…때문에 죽을 것 같아요" 등 세상에서는 그렇게 말하는 것이 너무 당연하고, 그렇게 말할 때 자신에게 위안이 되고, 다른 사람의 위로나 격려도 받게 됩니다. 만약 어떤 사람이 그렇게 말하는 것을 부정한다면 크게 화를 낼 것입니다. 왜냐하면 사람들은 대부분 '있는 그대로의 사실을 말하는 것이 무엇이 잘못인가?', '내가 거짓말하는 것이 아니지 않은가?'라고 생각하기 때문입니다.

그러나 하나님의 참 진리는 "우리가 믿고 말하는 대로 현실이 되고 그 현실을 경험하며 살아가게 된다"는 것입니다. 인간은 이것을 제대로 깨닫지 못하고, 자신이 환경 때문에 제한된 삶을 살아간다고 믿고 있습니다. '누구 때문에', '무엇 때문에' 자신이 이렇게 되었다고 생각하고 말합니다. 자신의 상태나 상황과 처지를 자신이 아닌 외부의 탓으로 돌립니다. 이것은 우리의 생각과 말이 자신을 그렇게 만들었다는 사실을 알지 못하게 하는 '마귀의 거의 완벽한 속임수'입니다.

좀 더 정확히 말하면 우리가 하나님의 말씀을 말하는 대신에 이 세상을 통치하는 마귀의 말에 동의하며 살고 있다는 것입니다. 우리의 마음은 눈에 보인 것들, 귀에 들리는 것들, 그리고 생각한 것들로 만들어진 기억과 지금 오감으로 인식한 것들로 가득 차 있습니다. 우리는 그것들을 가지고 자신의 사고체계에 기초하여 말하고, 그 말에 따라 스스로 창조한 것을 경험하며 살아가고 있습니다. 주님께서는 우리가 말하는 것을 가질 수 있다고 말씀하시는데, 우리는 우리가 가진 것을 말하며 살 뿐입니다.

우리가 타락한 마음으로(이미 세상 신에 사로잡힌 마음으로) 생각한 것을 그대로 말하는 것은 바로 마귀의 말에 동의하는 것이며, 마귀가 원하는 타락한 인간과 세상을 만들어내고 있다는 것을 아는 사람이 거의 없습니다. 하나님의 자녀는 세상의 환경이나 상황이나 처지에 영향을 받는 자가 아니라 하나님의 말씀을 말씀대로 말함으로써 그것들을 하나님의 뜻대로 변화시키는 존재입니다. 수많은 사람들이 자신의 말이 자신과 자신의 삶을 만들어가고 있다는 것을 모른 채, 더 배우고 더 경험하면 더 나은 사람이 될 수 있다고 착각하며 열심히 살아갑니다.

그리스도인들은 어떻게 살아야 하는가?

지금 우리가 잃어버리고 알지 못하는 것은 하나님의 말씀이 아닙니다. 예수 그리스도 안에서 하나님의 자녀가 되어 그 말씀을 말씀대로 말하지 않는 것입니다. 우리는 하나님께서 말씀을 말하심으로 창조 사역을 행하신 것처럼, 하나님의 자녀인 우리도 하나님의 말씀을 말씀대로 발함으로 장조 사역에 동참할 수 있다는 사실을 늘 기억해야 합니다.

> 예수께서 대답하여 이르시되 기록되었으되 사람이 떡으로만 살 것이 아니요 하나님의 입으로부터 나오는 모든 말씀으로 살 것이라 하였느니라 하시니 마 4:4

우리는 하나님의 말씀을 말함으로써 주의 뜻을 이루는 자로 지음을 받았습니다. 따라서 우리가 주의 말씀을 말하지 않는 것은 우리가 주의 말씀에 동의하지 않는 것이고, 때로는 하나님을 대적하는 일이 될 수 있습니다. 안타깝게도 우리는 예배 때나 성경공부 시간이니 찬송할 때는 하나님의 말씀을 말하지만, 막상 일상의 삶에서 세상에 마음을 두고 세상을 본받으며 세상 말을 하고 사는, 즉 하나님을 대적하며 사는 경우가 얼마나 많은지 모릅니다.

> 여호와가 이르노라 너희가 완악한 말로 나를 대적하고도 이르기를 우리가 무슨 말로 주를 대적하였나이까 하는도다 말 3:13

주의 말씀을 암송하는 데 그치지 않고 그 말씀을 말함으로써 정말 놀라운 축복을 누릴 수 있다는 가장 큰 실증이 바로 이스라엘 민족일 것입니다. 유대 민족은 지난 이천 년 동안 수없이 많은 고난과 핍박을 받았음에도 불구하고 이 세상을 이끌어가는 민족이 되었습니다. 왜일까요? 첫째는 하나님의 말씀을 맡았기 때문입니다.

> 1 그런즉 유대인의 나음이 무엇이며 할례의 유익이 무엇이냐 2 범사에 많으니 우선은 그들이 하나님의 말씀을 맡았음이니라 롬 3:1,2

둘째는 그들이 매일 말씀을 말하고 나누었기 때문입니다. 유대인 교육법에 하브루타라는 학습법이 있습니다. '하브루타'는 아람어로 "우정" 혹은 "동반자"를 뜻하며, 자신들의 생명이라고 생각하는 '토라'를 서로 강론하는 것입니다. 하나님의 말씀을 자신의 입술로 말함으로써 서로 나누는 것입니다. 그들은 어릴 때부터 평상시에도 율법을 암송하고 말하지만 안식일에는 모든 일상생활을 멈추고 율법을 강론하는 데 온 힘을 쏟았습니다.

> 네 자녀에게 부지런히 가르치며 집에 앉았을 때에든지 길을 갈 때에든지 누워 있을 때에든지 일어날 때에든지 이 말씀을 강론할 것이며 신 6:7

이제 우리는 자신의 경험에 기초한 생각이나 체감하는 환경에 대해 말하거나 무익한 말을 하는 것이 아니라 예수 그리스도 안에서 영이요 생명이신 하나님의 말씀을 말하는 것을 배워야 합니다.

36 내가 너희에게 이르노니 사람이 무슨 무익한 말을 하든지 심판 날에 이에 대하여 심문을 받으리니 37 네 말로 의롭다 함을 받고 네 말로 정죄함을 받으리라 마 12:36,37

하나님을 대적한 말로 정죄함을 받은 예는 출애굽하여 가나안 땅으로 가는 이스라엘 백성의 말이 대표적입니다. 구약의 민수기를 보면 모세가 이스라엘 백성들을 애굽에서 이끌어내어 광야에 머물면서 가나안 땅을 정탐하기 위해서 열두 명의 정탐꾼을 보낸 이야기가 나옵니다. 열두 명이 동일한 상황을 40일간 정탐한 후 돌아왔는데 여호수아와 갈렙, 그리고 다른 열 명의 정탐꾼이 서로 상반된 보고를 했습니다. 여호수아와 갈렙은 심히 아름다운 땅이며 그 땅을 능히 취할 수 있다고 말한 반면 나머지 열 명은 그들은 강하고 우리는 메뚜기와 같기 때문에 그 백성을 이기지 못할 것이라고 보고했습니다(민 13:25-33, 14:6-9). 그때 그 보고를 들은 이스라엘 백성은 열 명의 정탐꾼의 말을 듣고 다음과 같이 말했습니다.

1 온 회중이 소리를 높여 부르짖으며 백성이 밤새도록 통곡하였더라 2 이스라엘 자손이 다 모세와 아론을 원망하며 온 회중이 그들에게 이르되 우리가 애굽 땅에서 죽었거나 이 광야에서 죽었으면 좋았을 것을 3 어찌하여 여호와가 우리를 그 땅으로 인도하여 칼에 쓰러지게 하려 하는가 우리 처자가 사로잡히리니 애굽으로 돌아가는 것이 낫지 아니하랴 민 14:1-3

온 회중들이 여호수아와 갈렙을 돌로 치려 할 때 여호와의 영광이 회막에 나타났으며 모세와 아론에게 다음과 같이 말씀하셨고, 그 말씀대로 이루셨습니다.

27 나를 원망하는 이 악한 회중에게 내가 어느 때까지 참으랴 이스라엘 자손이 나를 향하여 원망하는 바 그 원망하는 말을 내가 들었노라 28 그들에게 이르기를 여호와의 말씀에 내 삶을 두고 맹세하노라 너희 말이 내 귀에 들린 대로 내가 너희에게 행하리니 29 너희 시체가 이 광야에 엎드러질 것이라 너희 중에서 이십 세 이상으로서 계수된 자 곧 나를 원망한 자 전부가 30 여분네의 아들 갈렙과 눈의 아들 여호수아 외에는 내가 맹세하여 너희에게 살게 하리라 한 땅에 결단코 들어가지 못하리라 민 14:27-30

예수님은 지금 우리의 중보자로 계십니다. 우리가 하나님의 말씀 대신에 생각나는 대로, 느끼는 대로, 보이는 대로, 들리는 대로 말하게 되면 결국 하나님의 말씀을 부인하는 것이 됩니다. 우리가 말씀을 부인하면, 하나님 우편에 계신 예수님께서도 하나님 아버지 앞에서 우리를 위해 온전히 중보하실 수 없을 것입니다.

1 하나님께서 인간을 창조하신 목적은 무엇입니까?

2 하나님께서 우리에게 주신 위임된 통치권은 무엇입니
  까?

3 왜 우리의 말에는 능력이 없을까요?

4 세상은 왜 여전히 마귀의 영향력 아래 있습니까?

5 우리가 어떻게 해야 나와 세상을 변화시킬 수 있습니까?

6 당신이 머리에 기억하는 하나님의 말씀과 입술로 고백
하는 말이 동일합니까?

7 고난과 핍박 가운데서도 이스라엘 백성 가운데 훌륭한
인물들이 많이 배출된 이유는 무엇입니까?

CHAPTER 03

구원의 역사는
말의 역사다

우리는 어떻게 거듭났는가?

베드로전서에서는 우리가 살아 있고 항상 있는 하나님의 말씀으로 거듭났다고 말합니다.

> 너희가 거듭난 것은 썩어질 씨로 된 것이 아니요 썩지 아니할 씨로 된 것이니 살아 있고 항상 있는 하나님의 말씀으로 되었느니라 **벧전 1:23**

이것을 제대로 이해하기 위해서는 먼저 예수님께서 우리에게 전하신 말씀이 영이고 생명일 뿐만 아니라 예수님 자신이 바로 말씀이시라는 사실을 알아야 합니다.

> 1 태초부터 있는 생명의 말씀에 관하여는 우리가 들은 바요 눈으로 본 바요 자세히 보고 우리의 손으로 만진 바라 2 이 생명이 나타내신 바 된지라 이 영원한 생명을 우리가 보았고 증언하여 너희에게 전하노니 이는 아버지와 함께 계시다가 우리에게 나타내신 바 된 이시니라 **요일 1:1,2**

말씀이 육신이 되어 우리 가운데 거하시매 우리가 그의 영광을 보니 아버지

의 독생자의 영광이요 은혜와 진리가 충만하더라 요 1:14

　　우리가 믿음으로 거듭나는 것은 단순히 기록된 말씀을 내 지식으로 이해하려 할 때가 아니라 성령의 운행하심 가운데 예수 그리스도의 말씀을 들었을 때입니다. 사도 바울이 예수님께서 전하신 하나님 나라의 복음을 들었습니까? 듣지 못했습니까? 사도행전에 따르면 그도 스데반이 복음을 전할 때 분명히 복음을 들었습니다. 그러나 그는 그 복음을 믿지 않았으며, 더욱이 그 복음을 믿는 자들을 잡아오는 일을 했습니다. 그런 사도 바울이 언제 회심하게 되었나요? 그것은 다메섹 도상에서 하나님의 영광의 임재 아래 주님이 친히 말씀하시는 것을 들었을 때였습니다. 다음 말씀이 바로 그것을 말합니다.

　　그러므로 믿음은 들음에서 나며 들음은 그리스도의 말씀으로 말미암았느니라 롬 10:17

　　그는 복음을 부끄러워하지 않는다고 말했으며, 그 복음이 믿는 자에게 구원을 주시는 하나님의 능력이라고 고백했습니다.

　　내가 복음을 부끄러워하지 아니하노니 이 복음은 모든 믿는 자에게 구원을 주시는 하나님의 능력이 됨이라 먼저는 유대인에게요 그리고 헬라인에게로다 롬 1:16

구원이란 무엇을 의미하는가?

우리가 거듭난 것이 영입니까, 영혼입니까? 아니면 마음과 육신입니까? 우리가 이것을 제대로 분별할 줄 알아야 새로운 삶을 살 수 있습니다. 대부분의 경우 이것을 제대로 구분해서 말하지 않고 두루뭉술하게 이야기하기 때문에 지금 자신의 정체성과 상황을 제대로 파악하지 못하고, 올바른 신앙생활을 하지 못하고 있습니다.

예수님께서 우리의 죄를 대속하시고 새 생명을 주시기 위해 십자가를 지신 구원 사역은 법적으로는 완전하며, 대속(redemption), 화해(reconciliation), 중생(regeneration), 회복(restoration), 갱생(renewal) 모두를 포함하고 있습니다. 그렇지만 현실적으로 적용되는 것이 시간상 동일하지는 않습니다. 이것이 바로 이미(already) 그러나 아직(but not yet)이라는 현재적 하나님나라의 속성입니다. 좀 더 정확히 말하자면, 우리가 예수 그리스도를 믿을 때 법적으로 우리의 영혼육이 전부 구원을 얻었지만, 그 법의 실제 적용이라는 측면에서 볼 때 현재 우리의 영만 구원을 얻었다는 것입니다. 즉, 현실적으로 구원을 얻었다는 것은 우리의 옛사람 즉, 옛 본성, 옛자아, 죄성이 더 이상 우리에게 없으며, 우리가 예수 그리스도 안에서 새로운 피조물, 새사람, 즉, 영적 존재가 되었다는 것을 말합니다.

우리가 알거니와 우리의 옛사람(old sinful nature, old self)이 예수와 함께 십자가에 못 박힌 것은 죄의 몸이 죽어 다시는 우리가 죄에게 종노릇하지 아니하려 함이니 롬 6:6

9 너희가 서로 거짓말을 하지 말라 옛사람과 그 행위를 벗어버리고 10 새사람(the new nature, the new self)을 입었으니 이는 자기를 창조하신 이의 형상을 따라 지식에까지 새롭게 하심을 입은 자니라 **골 3:9,10**

그런즉 누구든지 그리스도 안에 있으면 새로운 피조물이라 이전 것은 지나갔으니 보라 새것이 되었도다 **고후 5:17**

구원받은 자는 예수 그리스도 안에서 새사람이 되었지만(그리스도 안에 있는 새로운 자아를 가졌지만) 마음과 육신은 옛날과 동일합니다. 따라서 우리는 날마다 새로운 의식(그리스도 의식)으로 우리의 마음과 육신을 날마다 새롭게 해나가야 합니다. 그것을 성화의 삶이라고 합니다. 또 영으로써 몸의 행실을 죽이는(롬 8:13) 것이며, 속사람이 겉사람을 뚫고 나타나도록(고후 4:16) 하는 것이기도 합니다.

그 삶은 오직 믿음 안에서 매일 주의 성령과 말씀으로 이루어져야 하며, 그 결과로 이 땅에서 주를 나타내는 삶을 살아야 합니다. 그래서 성경에서는 우리가 현재적 하나님나라에서 살 때 예수 그리스도 안에서 이미 승리한 삶을 산다고 말합니다.

복음에는 하나님의 의가 나타나서 믿음으로 믿음에 이르게 하나니 기록된 바 오직 의인은 믿음으로 말미암아 살리라 함과 같으니라 **롬 1:17**

자녀들아 너희는 하나님께 속하였고 또 그들을 이기었나니 이는 너희 안에

계신 이가 세상에 있는 자보다 크심이라 요일 4:4

무릇 하나님께로부터 난 자마다 세상을 이기느니라 세상을 이기는 승리는 이것이니 우리의 믿음이라 요일 5:4

우리가 세례를 받고 거듭났을 때 하나님의 영이 임하심으로 우리의 영이 거듭난 것입니다(요 3:3,6). 그렇기 때문에 많은 그리스도인들이 의구심을 갖듯, 세례를 받은 후에도 우리의 마음과 육신에 아무 변화를 느끼지 못하는 것입니다. 왜냐하면 우리의 마음은 영적 본질의 변화를 알 수도 없고 느끼지도 못하기 때문입니다. 또한 이 일은 우리의 마음과 육신의 노력이나 행실로 이루어진 것이 아니라 예수 그리스도의 대속으로 이루어졌기 때문입니다. 그래서 우리는 지극히 거룩한 믿음 위에 자신을 세워야 합니다.

너희는 그 은혜에 의하여 믿음으로 말미암아 구원을 받았으니 이것은 너희에게서 난 것이 아니요 하나님의 선물이라 엡 2:8

사랑하는 자들아 너희는 너희의 지극히 거룩한 믿음 위에 자신을 세우며 성령으로 기도하며 유 1:20

이는 그리스도 예수 안에 있는 생명의 성령의 법이 죄와 사망의 법에서 너를 해방하였음이라 롬 8:2

이것을 좀 더 구체적으로 알기 위해서 요한복음 3장 5,6절, 로마서 8장 10,11절을 보겠습니다.

5 예수께서 대답하시되 진실로 진실로 네게 이르노니 사람이 물과 성령으로 나지 아니하면 하나님의 나라에 들어갈 수 없느니라 6 육으로 난 것은 육이요 영으로 난 것은 영이니 요 3:5,6

10 또 그리스도께서 너희 안에 계시면 몸은 죄로 말미암아 죽은 것이나 영은 의로 말미암아 살아 있는 것이니라 11 예수를 죽은 자 가운데서 살리신 이의 영이 너희 안에 거하시면 그리스도 예수를 죽은 자 가운데서 살리신 이가 너희 안에 거하시는 그의 영으로 말미암아 너희 죽을 몸도 살리시리라 롬 8:10,11

이제 우리가 명확히 알아야 할 사실은 성령을 통하여 예수 그리스도께서 우리 안에 계심으로 우리의 영이 새롭게 되었기 때문에, 우리가 날마다 예수 그리스도 안에서 주의 말씀을 마음에 기록하고, 마음에 가득한 것을 입으로 말하고, 말한 대로 행동함으로써 육신을 변화시켜 나가야 한다는 것입니다.

우리가 보는 세상 그리고 자아 정체성
우리는 세상을 있는 그대로 본다고 하지만 사실은 그렇지 않습니다.

어떠한 사실이나 상황에 대해 사람들은 각각 다르게 보고 다르게 이해합니다. 심지어 똑같은 사실에 대해서도 과거의 나와 지금의 내가 다르게 생각합니다. 이 사실만 봐도 우리는 세상을 있는 그대로 보는 것이 아니라 자신의 방식대로 본다는 것을 알 수 있습니다. 우리는 외부에 대해서 늘 과거의 경험과 지식에 기초해 스스로 만들어 온 인식체계로 생각하고 반응합니다. 그것이 지금 우리가 보는 세상입니다.

이것은 마치 영사기를 돌릴 때 비치는 스크린의 영상과 같습니다. 스크린의 영상은 영사기의 필름에 따라 달라질 뿐입니다. 그런데 안타깝게도 많은 사람들은 세상(주위 환경)이 자신을 변화시킨다고 믿기 때문에, 그 세상을 변화시키기 위해 애를 씁니다. 하지만 필름을 바꾸면 영상도 달라지듯 우리는 우리 마음의 믿음에 따라 변화된 세상을 체험하게 됩니다.

스스로 속이지 말라 하나님은 업신여김을 받지 아니하시나니 사람이 무엇으로 심든지 그대로 거두리라 갈 6:7

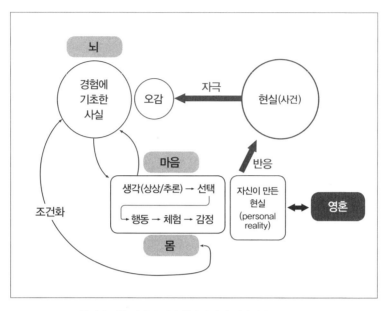

현실에 대한 인간의 인식 형성과 자아 정체성에 대한 의식

　어떤 자극에 대하여 반복되는 같은 생각은 같은 선택을 하도록 만들고, 같은 선택은 같은 행동을 하게 합니다. 우리는 그것을 '경험'이라고 부릅니다. 경험을 하게 되면 그 경험에 대한 느낌을 갖게 됩니다. 그 과정을 보면, 어떤 생각을 가질 때 뇌에서는 그 생각에 따라 뉴런의 네트워킹이 형성되고, 그에 따른 유전자의 발현 그리고 뒤이은 몸의 생리·생화학적 반응이 일어나게 됩니다. 이것이 반복될 때, 어떤 생각이 그에 대한 감정을 만들어내고, 반대로 그 감정이 그 생각을 하게 하는 일련의 과정으로 (시스템화되어) 무의식 내에 깊숙이 각인됩니다. 이것을 '조건화'라고 말합니다. 어떤 생각이 즉각적으로 그에 대

한 감정을 만들어내고, 또 반대로 어떤 감정이 그에 대한 특정 생각을 만들어내는 것입니다.

감정의 에너지는 계속해서 몸에 동일한 정보로 축적되고, 몸은 그 에너지에 익숙해져서 편안함을 느끼게 됩니다. 결국 일정한 패턴의 습관이 형성되는 것입니다. 우리는 수많은 상황에 대해서 지속적으로 이런 상태를 유지합니다. 이렇게 되면 몸의 언어인 느낌이 머리의 언어인 생각을 사로잡아 몸이 곧 마음이 되고, 나아가서 몸이 마음을 조종하게 됩니다. 이렇게 생각하고 느끼는 방식의 총합에 기초해서 우리는 개인적 현실(personal reality) 또는 자신의 정체성을 만들어 갑니다.

전에는 우리도 다 그 가운데서 우리 육체의 욕심을 따라 지내며 육체와 마음의 원하는 것을 하여 다른 이들과 같이 본질상 진노의 자녀이었더니
엡 2:3

우리가 자극에 대해 동일한 패턴으로 반응함으로써 어떤 일을 어떻게 해야 할지가 뇌에 기억되고 마음 속에 깊이 기록되면, 몸은 결국 감정적으로 조건화된 반응을 보이게 됩니다. 그렇게 되면 몸은 의식적인 마음 이상으로 어떻게 반응해야 할지를 잘 알게 됩니다. 다른 말로, 몸이 생리적 상호관계, 물질대사나 신경 화학적 절차 등을 자동화하게 되고, 그렇게 되면 암시적인 어떤 생각이나 느낌만 와도 몸은 관련 자동 프로그램을 작동시키고, 우리는 그에 따른 행동을 하게 됩

니다.

만약 우리가 과거의 경험과 지식에 기초하지 않은 새로운 생각을 하게 되면(예를 들어 표면의식으로 말씀에 따른 생각을 하게 되면), 이미 그것과 다른 생각에 의해 조건화된 몸은 즉시 과거에 만들어진 잠재의식 내 반응이 작동하도록 만듭니다. 그 결과 우리는 감정적으로 두려움과 의심을 갖게 되고, 몸은 불편함을 느낍니다. 다시 옛 생각으로 되돌아가도록 우리의 뇌와 마음에 압력을 가하는 것입니다.

한 가지 더 명확히 해야 할 것은 영혼에 대한 것입니다. 영혼은 자유의지를 가진 자아 의식체입니다. 자신이 누구인지를 의식하는 것이 바로 영혼입니다. 우리는 본래 '하나님의 의식'으로 살아가는 존재였지만, 타락한 후에 하나님의 영이 떠남으로 그 영혼이 자기의 정체성을 잃어버렸습니다. 현실적으로 살아가기 위해서 그 영혼은 마음과 육신의 종노릇을 하게 된 것입니다. 달리 말해서, 마음이 생각하고 육신이 느끼는 것을 자기라고 의식하는 것입니다. 성경에서는 이 자아를 겉사람 또는 육적인 삶을 사는 사람이라고 부르고, 심리학에서는 에고라고 부릅니다. 결국 그것은 거짓자아일 뿐입니다.

우리가 구원을 받았다면, 우리 마음으로 인식할 수 없더라도 예수 그리스도 안에 있는 새로운 자아가 나의 참 존재임을 깨닫고 믿어야 합니다. 이 일을 행하시는 분이 바로 성령 하나님이십니다. 그리고 우리는 그리스도 안에서 날마다 그 거짓자아를 부인하고 그리스도 안에 거하는 훈련을 해야 합니다. 이제는 우리 영혼이 더 이상 마음과 육신의 종노릇하는 것이 아니라 예수 그리스도 안에서(새로운 피조물로서) '그리스도 의식'을 가지도록 해야 합니다.

> 15 너희는 다시 무서워하는 종의 영을 받지 아니하고 양자의 영을 받았으므로 우리가 아빠 아버지라고 부르짖느니라 16 성령이 친히 우리의 영과 더불어 우리가 하나님의 자녀인 것을 증언하시나니 롬 8:15,16

> 이에 예수께서 제자들에게 이르시되 누구든지 나를 따라오려거든 자기를 부인하고 자기 십자가를 지고 나를 따를 것이니라 마 16:24

> 믿음의 결국 곧 영혼의 구원을 받음이라 벧전 1:9

어떻게 우리 자신을 새롭게 할 수 있는가?

새로운 삶을 살기 원한다면 우리가 어떻게 해야 합니까? 지금까지 습관화된 사고 및 경험 체계를 면밀히 살피고, 생각을 바꾸고, 새로운 선택을 하고, 새로운 행동을 함으로써 육신이 새로운 감정을 갖도록 해야 합니다. 내 영혼이 자기 정체성을 유지하기 위해서는 예전에 그토록 의지하고 믿었던 마음의 생각, 감정, 의지 그리고 육신에 경험되어 익숙해진 모든 생리·생화학적 반응에 더 이상 의지하지 않아야 합니다.

이것은 마치 영혼이 어두운 밤을 지나는 것과 같습니다. 오랫동안 익숙해진 자신의 상태에서 벗어나 동일하지 않은 생각으로 인하여 몸이 익숙하지 않은 감정을 느끼는 것입니다. 그럴 때 육체에는 다른 생각과 의지에 따른 새로운 유전자가 발현되고, 그 결과 생체 내에 생리적, 구조적, 기능적으로 새로운 시스템이 만들어집니다. 우리가 그 과정을 감정적으로 비정상처럼 느끼고 불편해하는 것은 당연한 일입니다. 그렇지만 그 상태야말로 새로운 차원, 새로운 세계에 들어섰음을 알리는 현상입니다. 동일한 패턴에 익숙했던 자기 정체성에서 벗어나는 것입니다. 할렐루야!

그런데 우리는 안타깝게도 현실을 변화시키기 위해서 자신의 내면이 아닌 외부 환경을 바꾸기 위해 애씁니다. 가장 쉬운 예가 자신의 의지로 주의 말씀을 믿고 기도함으로 현실을 변화시키려고 노력하는 것입니다. 그렇지만 그것은 말씀으로 자신의 마음을 변화시키는 대신에 똑같은 마음으로 현실을 변화시키기 위해서 주의 말씀을 이용하는 것에 불과할 뿐입니다. 그 이면의 메커니즘은 주께서 이렇게 약속하셨고 내가 그것을 받아들이니, 주님이 약속대로 해주셔야 한다는 식의 사고방식입니다. 만약 실현되지 않더라도 주님을 부정할 수는 없으니, 끈질기게 간절히 기도하고 또 금식까지 합니다. 기도와 금식이 잘못이라는 것이 아니라, 자신을 포기하고 주님께 맡기지 않는 거짓자아의 교만이 잘못이라는 말입니다.

다시 한번 강조하지만 우리는 영이요 생명이신 말씀, 즉 예수 그리스도로 거듭났습니다. 따라서 우리는 매일 영으로 우리의 영혼, 마음, 육신을 새롭게 해야 합니다. 영으로 행한다는 것은 무엇을 의미합니까? 그것은 바로 성령 안에서 주의 말씀대로 행한다는 의미입니다.

너희가 육신대로 살면 반드시 죽을 것이로되 영으로써 몸의 행실을 죽이면 살리니 **롬 8:13**

거짓자아로는 우리 몸의 행실을 죽이지 못할 뿐만 아니라 마음을 새롭게 하여 변화를 받을 수도 없습니다. 이는 오직 그리스도 안에서(우리가 지금 그리스도 안에서 새로운 피조물이라는 믿음으로) 주의 말씀을 말함으로써 새롭게 할 수 있습니다. 여러분, 다시 생각해보십시오. 하나님은 말씀이십니다. 그분은 말씀을 말하심으로 천지만물을 창조하셨습니다. 예수님은 말씀이 육신이 되어 이 땅에 오신 분입니다.

예수님께서는 말씀을 말하심으로 우리를 거듭나게 하셨습니다. 우리의 영은 이미 거듭났지만, 우리의 마음과 육신은 아직 새롭게 되지 못했습니다. 우리의 마음과 육신이 아직 말씀으로 거듭나지 못했다는 것입니다. 따라서 이제 우리는 예수 그리스도 안에서 진리의 영이신 성령의 도우심으로 주의 말씀을 말함으로써 우리의 마음과 육신을 새롭게 해야 합니다. 그런데 안타깝게도 많은 그리스도인들이 말씀으로 영은 거듭났지만, 여전히 거짓자아가 자신이라고 믿고 세상 풍조와 초등학문 그리고 관습과 전통에 기초한 자신의 경험과 지식에 기초하여 살아가고 있습니다.

누가 철학과 헛된 속임수로 너희를 사로잡을까 주의하라 이것은 사람의 전통과 세상의 초등학문을 따름이요 그리스도를 따름이 아니니라 **골 2:8**

우리의 영혼육 전부가 말씀으로 거듭나야 한다

내 마음(특별히 잠재의식)과 육신도 말씀으로 거듭나야 합니다. 우리는 지금까지 다른 사람이 한 말로 내 자아를 만들어왔습니다. 그리고 자아가 형성된 후에는 자신이 말한 말로 자신을 만들어가고 있습니다. 이제 우리가 하나님의 형상을 드러내는 자녀라면 주의 말씀을 말함으로써 자신의 마음과 육신도 새롭게 만들어야 합니다. 우리의 마음과 육신도 말씀의 통치를 받아야 합니다. 주의 말씀으로 새롭게 되어야 합니다. 내 마음과 육신 가운데 말씀이 살아 움직일 때는 어떤 악한 영도, 질병도 영향을 미칠 수 없습니다. 왜냐하면 나는 말씀대로 지어진 존재이고, 그 말씀이 영이요 생명이기 때문입니다. 왜 하나님께서 말씀을 보내어 우리를 살리신다고 말씀하셨는지를 생각해 보십시오.

> 그가 그의 말씀을 보내어 그들을 고치시고 위험한 지경에서 건지시는도다
>
> 시 107:20

우리는 예수 그리스도 안에 거하지만(즉 우리의 영은 예수 그리스도 안에 있지만), 아직 그 말씀이 우리의 마음과 육신 안에 거하지 못하고 있습니다. 우리는 그리스도 안에서 하나님의 말씀을 말함으로써 우리의 마음과 육신을 새롭게 해야 하고, 그 결과로 말씀이 우리 안에 거하도록 해야 합니다. 그렇게 되지 않는 이유는 두 가지입니다. 첫째는 말씀을 먹기는 하지만 소화 흡수시키지 않기 때문입니다. 주의 말

씀을 묵상만 하고 그 말씀대로 말하지 않아 말씀이 머리에 기억으로만 남아 있을 뿐 마음을 전혀 새롭게 하지 못하기 때문입니다. 둘째는 거짓자아가 자신이라고 믿는 사람은 그 마음을 세상의 것들로 가득 채우고, 자신의 뜻을 이루기 위해 예수님이 필요하다고 생각하기 때문입니다. 말씀이 우리의 마음과 육신을 통치하기 위해서는 먼저 내 삶과 환경에 대한 나의 생각을 내려놓고, 주님이 나의 창조주가 되시고, 나의 생명, 나의 전부가 되시도록 해야 합니다.

4 우리의 싸우는 무기는 육신에 속한 것이 아니요 오직 어떤 견고한 진도 무너뜨리는 하나님의 능력이라 모든 이론을 무너뜨리며 5 하나님 아는 것을 대적하여 높아진 것을 다 무너뜨리고 모든 생각을 사로잡아 그리스도에게 복종하게 하니 고후 10:4,5

우리 생명이신 그리스도께서… 골 3:4

다시 한번 말하지만 우리의 영은 주의 말씀으로 새롭게 창조되었으나 우리의 마음과 육신은 여전히 사람의 말로 이루어져 있음을 알아야 합니다. 따라서 이제는 우리가 하나님의 약속의 말씀대로 이루어졌음을 선포함으로써 내 영혼육 전부가 하나님의 말씀으로 이루어진 존재가 되도록 해야 합니다.

여호와의 말씀이니라 너희를 향한 나의 생각을 내가 아나니 평안이요 재앙

이 아니니라 너희에게 미래와 희망을 주는 것이니라 렘 29:11

다음을 큰소리로 읽어보십시오.

- 나는 내 생각이 아니라 말씀을 먹겠습니다.
- 말씀을 묵상만 하지 않고 그 말씀을 입으로 말하겠습니다.
- 말씀에 대한 내 생각이 아닌 그 말씀대로 말하겠습니다.
- 주의 말씀대로 말할 때마다 예수 그리스도 안에서 예수 그리스도의 이름
  으로 말하겠습니다.

1 당신은 무엇으로 거듭났습니까?

2 개인적인 현실, 즉 자신의 정체성은 어떻게 형성됩니까?

3 우리의 몸이 마음을 통치한다는 것은 무슨 뜻입니까?

4 지금 법적으로, 그리고 현재적으로 거듭난 것은 무엇입니까?

5 당신은 어떻게 당신의 마음과 육신을 날마다 새롭게 할 수 있습니까?

6 우리가 이 땅에서 예수 그리스도처럼 산다(요일 4:17), 하나님을 본받는다(엡 5:1), 그리스도의 형상을 이룬다(갈 4:19)는 것은 무엇을 말하는 것입니까?

CHAPTER 04

예수님의 공생애 사역은
말씀대로 듣고 말하는 사역이다

예수님께서 이 땅에 오신 이유는 무엇일까?

본래 타락 이전의 인간은 마음에 가득한 하나님의 말씀을 말함으로써 세상을 다스리는 자였는데, 타락한 후에는 마음에 가득한 세상의 경험만을 말함으로써 말한 대로 이루어지는 세상을 경험하며 살게 되었습니다(결국 환경과 마귀의 통치를 받는 존재로 전락하게 되었다는 뜻). 이 비밀은 예수님께서 성령에 이끌려 광야로 갔을 때 마귀가 한 말을 통해서도 알 수 있습니다.

> 이르되 이 모든 권위와 그 영광을 내가 네게 주리라 이것은 내게 넘겨준 것 이므로 내가 원하는 자에게 주노라 눅 4:6

온 우주에 하나님의 통치권이 사라진 적은 단 한 번도 없습니다. 모든 것이 영원히 하나님의 나라에 속해 있습니다. 그러나 이 땅을 다스리는 권세는 하나님의 형상을 따라 하나님의 모양대로 지음을 받은 자녀들에게 주어졌습니다. 왜냐하면 하나님은 하나님께서 친히 창조하신 자녀들이 그분의 사랑과 뜻을 이 땅에 나타내는 것을 보고 심히 즐거워하기 원하셨기 때문입니다.

그러나 불행하게도 하나님의 자녀는 마귀에게 속아 그 위임된 통치권을 마귀에게 넘겨주고 말았습니다. 그때부터 마귀는 흑암의 권세로 이 땅을 통치하게 되었고, 그 결과 인간에게 환난과 고난, 질병과 죽음, 가난과 굶주림, 분열과 전쟁이 발생하게 되었습니다. 말씀이신 예수님께서는 바로 이 문제를 해결하기 위해 이 땅에 오셨습니다. 타락한 인간이 다시 하나님의 생명 안에서 위임된 통치권을 회복하도록 하기 위해 오신 것입니다.

예수님은 하나님 아버지의 말씀을 듣고 말씀대로 말하셨다!
예수님의 공생애 사역을 한마디로 말하면, 성령님의 인도하심을 따라 하나님의 말씀을 듣고, 하나님의 말씀을 말함으로 하나님 아버지의 뜻을 이 땅에 이루신 것이라고 할 수 있습니다.

> 하나님이 보내신 이는 하나님의 말씀을 하나니 이는 하나님이 성령을 한량없이 주심이니라 요 3:34

> 25 그들이 말하되 네가 누구냐 예수께서 이르시되 나는 처음부터 너희에게 말하여 온 자니라 26 내가 너희에게 대하여 말하고 판단할 것이 많으나 나를 보내신 이가 참되시매 내가 그에게 들은 그것을 세상에 말하노라 하시되 27 그들은 아버지를 가리켜 말씀하신 줄을 깨닫지 못하더라 28 이에 예수께서 이르시되 너희가 인자를 든 후에 내가 그인 줄을 알고 또 내가 스스

로 아무것도 하지 아니하고 오직 아버지께서 가르치신 대로 이런 것을 말하는 줄도 알리라 요 8:25-28

49 내가 내 자의로 말한 것이 아니요 나를 보내신 아버지께서 내가 말할 것과 이를 것을 친히 명령하여 주셨으니 50 나는 그의 명령이 영생인 줄 아노라 그러므로 내가 이르는 것은 내 아버지께서 내게 말씀하신 그대로니라 하시니라 요 12:49,50

내가 아버지 안에 거하고 아버지는 내 안에 계신 것을 네가 믿지 아니하느냐 내가 너희에게 이르는 말은 스스로 하는 것이 아니라 아버지께서 내 안에 계셔서 그의 일을 하시는 것이라 요 14:10

예수님께서는 새벽 미명에, 밤새도록, 그리고 낮에, 아버지의 뜻을 이룰 때에도 하나님 아버지와 교제를 나누셨습니다. 예수님께서는 언제나 아버지의 말씀을 들으시고 말씀하셨습니다.

40 예수께서 이르시되 내 말이 네가 믿으면 하나님의 영광을 보리라 하지 아니하였느냐 하시니 41 돌을 옮겨 놓으니 예수께서 눈을 들어 우러러 보시고 이르시되 아버지여 내 말을 들으신 것을 감사하나이다 42 항상 내 말을 들으시는 줄을 내가 알았나이다 그러나 이 말씀 하옵는 것은 둘러선 무리를 위함이니 곧 아버지께서 나를 보내신 것을 그들로 믿게 하려 함이니이다 43 이 말씀을 하시고 큰 소리로 나사로야 나오라 부르시니 44 죽은 자

가 수족을 베로 동인 채로 나오는데 그 얼굴은 수건에 싸였더라 예수께서
이르시되 풀어 놓아 다니게 하라 하시니라 요 11:40-44

예수님은 인자(人子)로 오셨지만 성자 하나님이십니다. 예수님께서
는 가는 곳마다 자신이 누구이신지, 하나님나라가 무엇인지, 그리고
이 땅에서 하나님나라의 삶을 어떻게 사는 것인지 친히 보여주셨습니
다. 이것을 깨닫는 것은 매우 중요합니다. 예수님은 마귀의 일을 멸
하셨지만, 마귀를 멸하기 위해 하나님을 이용한 것이 아닙니다. 예수
님은 아버지 안에서 하나님의 의식으로 하나님의 섭리가 무엇인지를
보여주셨을 뿐입니다. 우리처럼 거짓자아에 속아 현실의 문제를 해결
하기 위해 하나님을 이용한 것이 아니라 하나님 안에서 하나님의 자
녀로서 하나님의 말씀을 말씀대로 말함으로써 하나님의 뜻을 이루신
것입니다. 하나님 안에서 자녀 의식을 가질 때 마귀는 예수님께 아무
것도 할 수 없고, 아무것도 아닌 존재입니다. 왜냐하면 예수님은 세
상나라가 아니라 하나님나라에 속하여 계시기 때문입니다. 예수님은
우리와 모든 일에 동일하시지만, 처음부터 죄가 없으신 하나님의 아
들이십니다. 죄가 없는 인간에게 마귀는 아무런 상관이 없으며 어떤
영향력도 미칠 수 없습니다.

이후에는 내가 너희와 말을 많이 하지 아니하리니 이 세상의 임금이 오겠음
이라 그러나 그는 내게 관계할 것이 없으니(He has no power over me,
NLT) 요 14:30

우리에게 있는 대제사장은 우리의 연약함을 동정하지 못하실 이가 아니요 모든 일에 우리와 똑같이 시험을 받으신 이로되 죄는 없으시니라 히 4:15

우리가 흔히 마귀를 대적하기 위해서 하나님이 필요하다고 생각하는데, 그것은 마귀를 하나님과 대등한 존재로 여기는 잘못된 생각입니다. 마귀는 단지 우리의 타락으로 인해 이 세상과 우리를 통치할 뿐입니다. 생각해보십시오. 마귀는 하나님의 피조물로서 타락한 인간 마음의 생각과 감정을 먹고 사는 존재일 뿐입니다. 따라서 마귀는 인간이 하나님의 뜻이 아닌 세상의 뜻을 가진 만큼만 인간을 통치할 수 있습니다. 그러나 우리가 하나님 안에 거하고 그분의 말씀이 우리가 될 때 마귀는 우리에게 아무런 영향력도 미치지 못합니다.

그런즉 너희는 하나님께 복종할지어다 마귀를 대적하라 그리하면 너희를 피하리라 약 4:7

예수님께서 십자가를 지신 이유는 오직 우리로 하여금 이 땅에서 예수님처럼 살도록 하기 위해서입니다.

31 이제 이 세상에 대한 심판이 이르렀으니 이 세상의 임금이 쫓겨나리라 32 내가 땅에서 들리면 모든 사람을 내게로 이끌겠노라 하시니 요 12:31,32

이로써 사랑이 우리에게 온전히 이루어진 것은 우리로 심판 날에 담대함을

가지게 하려 함이니 주께서 그러하심과 같이 우리도 이 세상에서 그러하니라 요일 4:17

예수님은 말씀을 말하심으로 하나님나라의 도래를 증거하셨다

예수님께서는 이 땅에 오셔서 율법과 선지자들이 말한 것이 무엇을 뜻하는지 가르치셨고, 하나님나라의 복음을 선포하셨으며, 타락으로 인하여 흑암의 권세 아래 인간이 당하는 모든 환난과 고통 그리고 억압으로부터 해방되게 하시고, 마귀의 일을 멸하시는 것을 실제로 보여주셨습니다.

> 예수께서 온 갈릴리에 두루 다니사 그들의 회당에서 가르치시며 천국 복음을 전파하시며 백성 중의 모든 병과 모든 약한 것을 고치시니 마 4:23

> 예수께서 모든 도시와 마을에 두루 다니사 그들의 회당에서 가르치시며 천국 복음을 전파하시며 모든 병과 모든 약한 것을 고치시니라 마 9:35

예수님께서 행하신 모든 일은 인간으로서 초능력을 발휘한 것이 아니라, 하나님 안에서 그의 아들로서 아버지의 창조 때의 뜻을 이루신 것입니다. 본래 말씀대로 창조된 피조세계가 타락하고 왜곡되고 변질된 것을 다시 하나님의 말씀대로 말하심으로 바르게 하신 것입니다.

예수께서 이르시되 일어나 네 자리를 들고 걸어가라 하시니 요 5:8

그들의 마음이 완악함을 탄식하사 노하심으로 그들을 둘러보시고 그 사람에게 이르시되 네 손을 내밀라 하시니 내밀매 그 손이 회복되었더라 막 3:5

그 아이의 손을 잡고 이르시되 달리다굼 하시니 번역하면 곧 내가 네게 말하노니 소녀야 일어나라 하심이라 막 5:41

가까이 가서 그 관에 손을 대시니 멘 자들이 서는지라 예수께서 이르시되 청년아 내가 네게 말하노니 일어나라 하시매 눅 7:14

이 말씀을 하시고 큰 소리로 나사로야 나오라 부르시니 요 11:43

예수님께서는 우리도 예수 그리스도의 이름으로 주의 말씀을 말함으로 주의 뜻을 이루라고 가르치셨습니다. 예수님께서 말하심으로 주의 일을 행하신 것처럼 하나님의 자녀인 우리도 동일하게 할 수 있다고 말씀하시고, 그 일은 예수님께서 아버지께로 가실 때 비로소 이루어질 것이라고 말씀하셨습니다.

내가 진실로 진실로 너희에게 이르노니 나를 믿는 자는 내가 하는 일을 그도 할 것이요 또한 그보다 큰 일도 하리니 이는 내가 아버지께로 감이라

요 14:12

예수님께서 모든 인류의 죄를 사하시기 위해 십자가를 지시고 죽으신 다음 부활 승천하셔서 약속하신 보혜사 성령님을 보내실 때 하나님의 나라가 우리에게 임하고, 우리가 권능을 받고 예수님처럼 주의 일을 행할 수 있게 된다고 말씀하신 것입니다!

또 그들에게 이르시되 내가 진실로 너희에게 이르노니 여기 서 있는 사람 중에는 죽기 전에 하나님의 나라가 권능으로 임하는 것을 볼 자들도 있느니라 하시니라 막 9:1

또 여기 있다 저기 있다고도 못하리니 하나님의 나라는 너희 안에 있느니라 눅 17:21

오순절 날 마침내 성령님이 강림하심으로 하나님의 나라가 우리에게 임하셨습니다. 할렐루야! 그날 이후 예수 그리스도를 믿는 자에게는 성령님께서 내주하실 뿐만 아니라 성령강림을 경험할 때 성령님께서 친히 우리의 마음과 육신을 통치하심으로 우리에게 주의 능력이 임하게 되는 것입니다.

그러나 우리가 반드시 알아야 할 진리가 있습니다. 그것은 단지 성령체험을 한다고 해서 권능이 주어지는 것이 아니라는 것입니다. 성령강림을 통하여 하나님 아버지가 누구이신지, 그리고 내가 누구인지 알게 될 때부터 자녀 된 권세와 능력이 임하게 됩니다. 왜냐하면 우리는 더 이상 예수 그리스도를 믿는 자가 아니라 예수 그리스도 안에서 하나님의 자녀로서 하나님의 상속자, 즉 예수 그리스도와 함께한 상속자가 되기 때문입니다(롬 8:17).

우리 주 예수 그리스도의 하나님, 영광의 아버지께서 지혜와 계시의 영을 너희에게 주사 하나님을 알게 하시고 엡 1:17

성령이 친히 우리의 영과 더불어 우리가 하나님의 자녀인 것을 증언하시나니 롬 8:16

그 결과 우리는 그의 부르심의 소망이 무엇인지 알게 되고, 주님께서 기뻐하시는 삶을 살기를 원하게 됩니다.

너희 마음의 눈을 밝히사 그의 부르심의 소망이 무엇이며… 엡 1:18

너희 안에서 행하시는 이는 하나님이시니 자기의 기쁘신 뜻을 위하여 너희에게 소원을 두고 행하게 하시나니 빌 2:13

왜냐하면 그 기업의 영광의 풍성함이 무엇인지 알게 되기 때문입니다.

… 성도 안에서 그 기업의 영광의 풍성함이 무엇이며 엡 1:18

교회는 그의 몸이니 만물 안에서 만물을 충만하게 하시는 이의 충만함이
니라 엡 1:23

그리고 마침내 믿음을 통하여 매일 주님의 능력의 지극히 크심을
경험하는 삶을 살게 됩니다.

그의 힘의 위력으로 역사하심을 따라 믿는 우리에게 베푸신 능력의 지극히
크심이 어떠한 것을 너희로 알게 하시기를 구하노라 엡 1:19

내게 능력 주시는 자 안에서 내가 모든 것을 할 수 있느니라 빌 4:13

너희가 내 안에 거하고 내 말이 너희 안에 거하면 무엇이든지 원하는 대로
구하라 그리하면 이루리라 요 15:7

우리가 예수 그리스도 안에서 새로운 피조물로서 영적 존재라는 사
실을 깨닫게 되면, 더 이상 자신의 마음의 생각과 감정에 따라 살지
않고, 오직 예수 그리스도 안에서 예수 그리스도의 이름으로 주의 말
씀을 말함으로 원하는 것을 이루는 자가 됩니다.

너희가 내 이름으로 무엇을 구하든지 내가 행하리니 이는 아버지로 하여금

아들로 말미암아 영광을 받으시게 하려 함이라 요 14:13

23 그 날에는 너희가 아무것도 내게 묻지 아니하리라 내가 진실로 진실로 너희에게 이르노니 너희가 무엇이든지 아버지께 구하는 것을 내 이름으로 주시리라 24 지금까지는 너희가 내 이름으로 아무것도 구하지 아니하였으나 구하라 그리하면 받으리니 너희 기쁨이 충만하리라 요 16:23,24

26 그 날에 너희가 내 이름으로 구할 것이요 내가 너희를 위하여 아버지께 구하겠다 하는 말이 아니니 27 이는 너희가 나를 사랑하고 또 내가 하나님께로부터 온 줄 믿었으므로 아버지께서 친히 너희를 사랑하심이라 요 16:26,27

예수님의 수제자인 베드로는 예수님께서 십자가를 지실 때에도, 심지어 부활하신 후에도 주님이 가르쳐주신 것들을 제대로 알지 못하고 행하지도 못했습니다. 그러나 오순절 날 이후 성령강림을 경험하고, 자신 안에 하나님의 나라가 임하자 미리 언급한 그 일들이 깨달아졌으며, 그때 비로소 예수님께서 가르쳐주신 말씀대로 실제로 행할 수 있게 되었습니다.

내가 진실로 너희에게 이르노니 누구든지 이 산더러 들리어 바다에 던져지라 하며 그 말하는 것이 이루어질 줄 믿고 마음에 의심하지 아니하면 그대로 되리라 막 11:23

오순절 날 후에 베드로는 주의 말씀을 믿는 것에 그치는 것이 아니라 주의 말씀대로 말함으로써 주의 뜻을 이 땅에 나타냈습니다.

6 베드로가 이르되 은과 금은 내게 없거니와 내게 있는 이것을 네게 주노니 나사렛 예수 그리스도의 이름으로 일어나 걸으라 하고 7 오른손을 잡아 일으키니 발과 발목이 곧 힘을 얻고 8 뛰어 서서 걸으며 그들과 함께 성전으로 들어가면서 걷기도 하고 뛰기도 하며 하나님을 찬송하니 행 3:6-8

기사와 표적을 행한다는 것은 무엇을 의미합니까? 초능력자가 된다는 뜻입니까? 남들이 할 수 없는 일을 행함으로 세상에 영향을 끼치는 자가 된다는 뜻입니까? 아니면 악한 영의 일을 멸하는 신접한 자가 된다는 뜻입니까? 그렇지 않습니다. 그것은 우리가 다시 하나님의 자녀가 되어 본래 하나님께서 창조하신 그의 나라를 회복한다는 뜻입니다. 그렇다면 지금 하나님의 자녀인 당신은 어떻게 살고 있습니까?

1 우리가 타락함으로 마귀에게 넘겨준 것은 무엇입니까?

2 예수님께서 이 땅에 오셔서 우리를 위해 어떤 일을 행하셨습니까?

3 우리가 예수 그리스도 안에 있을 때 마귀가 아무런 영향력을 미치지 못한다는 것은 무슨 뜻입니까?

4 예수님은 이 땅에서 초능력을 행하신 분입니까? 아니면 하나님나라에서 아버지의 뜻을 이루신 분입니까?

5 우리가 예수님께서 행하신 것을 그대로 행할 수 있는 이유는 무엇입니까?

6 우리도 예수님처럼 하나님의 말씀으로 기사와 표적을 일으킨다는 것은 무엇을 의미합니까?

CHAPTER 05

우리는 하나님의 말씀을 말하도록
지음 받은 존재다

진정한 영적 전쟁

우리의 싸움은 결코 오감으로 인지되는 혈과 육에 대한 것이 아닙니다. 눈에 보이지 않지만 엄연히 존재하는 영적 대상과의 전쟁입니다. 그 전쟁에서 우리를 보호하고 승리하기 위해 주님께서는 우리에게 먼저 주 안에서와 그 힘의 능력으로 강건해진 후에 전신갑주를 입으라고 하셨습니다.

> 10 끝으로 너희가 주 안에서와 그 힘의 능력으로 강건하여지고 11 마귀의 간계를 능히 대적하기 위하여 하나님의 전신 갑주를 입으라 12 우리의 씨름은 혈과 육을 상대하는 것이 아니요 통치자들과 권세들과 이 어둠의 세상 주관자들과 하늘에 있는 악의 영들을 상대함이라 13 그러므로 하나님의 전신 갑주를 취하라 이는 악한 날에 너희가 능히 대적하고 모든 일을 행한 후에 서기 위함이라 14 그런즉 서서 진리로 너희 허리 띠를 띠고 의의 호심경을 붙이고 15 평안의 복음이 준비한 것으로 신을 신고 16 모든 것 위에 믿음의 방패를 가지고 이로써 능히 악한 자의 모든 불화살을 소멸하고 17 구원의 투구와 성령의 검 곧 하나님의 말씀을 가지라 엡 6:10-17

모든 요소들이 다 방어에 사용되지만 유일한 공격용 무기는 성령의 검, 즉 하나님의 말씀입니다. 성령의 검은 들고만 있는 것이 아니라 휘둘러 더럽고 악한 것들을 베어내는 데 필요합니다. 성령의 검을 사용하는 것이 바로 우리의 입술로 주의 말씀을 말하는 것입니다. 우리가 마귀를 이길 수 있는 것은 바로 우리 안에 계신 예수 그리스도께서 흘리신 피 값으로 인한 죄 사함, 하나님의 생명 안에 거함, 그리고 성령의 검, 즉 주의 말씀을 말씀대로 말하는 것을 통해서입니다.

또 우리 형제들이 어린 양의 피와 자기들이 증언하는 말씀으로써 그를 이겼으니 그들은 죽기까지 자기들의 생명을 아끼지 아니하였도다 계 12:11

우리의 영이 거듭났기 때문에 우리는 매일 우리의 마음과 육체를 새롭게 해야 합니다. 그렇게 하기 위해서는 우리의 경험에 따른 지식과 생각들, 시공간에 제한된 과학적 이론들, 비복음적인 사실들을 예수 그리스도께 복종시켜야 합니다. 어떻게 그렇게 할 수 있을까요? 오직 성령의 검을 휘둘러 우리 자신 안에 있는 것들을 베어냄으로써만 가능합니다. 하나님의 말씀을 우리의 입술로 말하는 것을 통해서 말입니다.

4 우리의 싸우는 무기는 육신에 속한 것이 아니요 오직 어떤 견고한 진도 무너뜨리는 하나님의 능력이라 모든 이론을 무너뜨리며 5 하나님 아는 것을 대적하여 높아진 것을 다 무너뜨리고 모든 생각을 사로잡아 그리스도

에게 복종하게 하니 고후 10:4,5

하나님의 말씀은 살아 있고 활력이 있어 좌우에 날 선 어떤 검보다도 예리하여 혼과 영과 및 관절과 골수를 찔러 쪼개기까지 하며 또 마음의 생각과 뜻을 판단하나니 히 4:12

우리는 하나님의 말씀대로 생각하고, 말씀대로 말하고, 말씀대로 행동해야 합니다. 하지만 많은 경우 주의 말씀을 먹지만, 그 생명의 씨가 전혀 소화되고 흡수되지 못하여, 종자 장기보관소인 머리에 기억으로만 남아 있을 때가 부지기수입니다. 우리는 지금까지 우리 마음의 생각과 느낌 그리고 상상을 아무런 제지 없이 나오는 대로 말하며 살아왔습니다. 그 결과 우리는 우리 혀의 열매를 먹고 살아온 것입니다.

우리는 우리의 마음을 변화시키기 위해 애를 많이 쓰지만, 여전히 잘 되지 않고 있습니다. 우리 마음을 변화시킬 수 있는 방법은 무엇일까요? 기도를 많이 하면 될까요? 말씀을 많이 보면 될까요? 물론 그것도 좋은 방법이지만 그것만으로는 결코 우리의 마음을 새롭게 할 수 없습니다. 가장 좋은 방법은 예수 그리스도 안에서 우리의 입술로 주의 말씀을 말씀대로 말하는 것입니다. 그리고 그 말한 것을 자신이 듣고 자신의 마음에 새기는 것입니다. 그런데 안타깝게도 오늘날 많은 그리스도인들이 주의 말씀을 말하지 않고 묵상만 합니다.

이것을 제대로 이해하기 위해서는 먼저 우리가 어떻게 만들어졌는지를 생각해보면 압니다. 우리가 하나님의 영으로 거듭나기 전에는 다른 사람의 말을 듣고 그 말을 마음에 심음으로써 나를 만들었습니다. 그렇다면 이제 말씀으로 거듭난 우리는 우리 자신을 어떻게 변화시킬 수 있을까요? 다른 사람의 말이 아니라 오직 영이요 생명이신 하나님의 말씀을 우리의 입술로 말하고 다시 영으로 듣고 마음에 새김으로써만 가능합니다. 죽은 전통과 화석화된 종교는 주의 말씀으로 우리 안에 이루어지는 하나님나라 대신에 여전히 인간의 지성과 감성을 만족시키는 능력 없는 말만 가르치고 있습니다.

예수 그리스도는 어제나 오늘이나 영원토록 동일하시니라 **히 13:8**

하나님의 나라는 말에 있지 아니하고 오직 능력에 있음이라 **고전 4:20**

마귀가 가장 두려워하는 것은 무엇일까요? 바로 우리가 예수 그리스도 안에서 주의 말씀을 말씀대로 말하는 것입니다. 왜냐하면 그렇게 할 때 우리 자신이 말씀이 되어 눈앞에 보이는 모든 피조세계의 근원인 말씀과 연결되기 때문입니다. 우리는 마귀를 이기기 위해서 주의 말씀을 이용하는 것이 아니라 우리 자신이 말씀 안에 거함으로 하나님의 뜻이 피조세계에 이루어지도록 해야 합니다. 우리가 예수 그리스도 안에 거할 때 마귀는 우리와 아무런 관계가 없게 됩니다. 왜냐하면 우리는 마귀가 영향을 미치는 세계와는 차원이 다른 세계에 거하기 때문입니다. 이것이 바로 영적 전쟁의 핵심입니다.

우리의 미래는 우리 말에 달렸다

구약에서는 하나님께서 당신이 하실 일들을 그 종 선지자들에게 말씀하시고, 그 선지자들로 하여금 이 땅에 주의 뜻을 선포하게 하셨습니다. 그리고 그 예언대로 이루셨습니다.

7 주 여호와께서는 자기의 비밀을 그 종 선지자들에게 보이지 아니하시고는 결코 행하심이 없으시리라 8 사자가 부르짖은즉 누가 두려워하지 아니하겠느냐 주 여호와께서 말씀하신즉 누가 예언하지 아니하겠느냐 **암 3:7,8**

하나님께서 이 땅을 다스리는 권세를 오직 하나님의 자녀들에게만 주셨기 때문에 하나님의 영에 사로잡힌 선지자들이 예언할 때(주께서 이루실 말씀을 말씀대로 말할 때) 주의 뜻을 이루셨습니다. 신약에 와서는 하나님께서 예수 그리스도를 보내주셔서 하나님나라의 복음을 전하게 하시고, 예수 그리스도를 믿는 자들을 구원하시고, 우리의 영에 찾아오심으로 우리를 통하여 이 땅에 주의 통치가 임하시도록 하셨습니다. 하나님의 자녀인 우리는 예수 그리스도 안에서 우리 마음에 하나님나라가 임하도록 해야 합니다. 하나님의 나라는 사람이 씨를 땅에 뿌림과 같다고 말씀하셨습니다.

26 또 이르시되 하나님의 나라는 사람이 씨를 땅에 뿌림과 같으니 27 그가 밤낮 자고 깨고 하는 중에 씨가 나서 자라되 어떻게 그리 되는지를 알지 못하느니라 28 땅이 스스로 열매를 맺되 처음에는 싹이요 다음에는 이삭이요

그 다음에는 이삭에 충실한 곡식이라 막 4:26-28

여기에서 '사람'은 거듭난 자, 즉 예수 그리스도 안에 있는 새로운 자아를 말합니다. '씨'는 하나님의 말씀이고(눅 8:11), '땅'은 우리의 마음을 말합니다(눅 8:15). 씨는 우리 마음에 심어져야 합니다. 어떻게 씨를 땅에 뿌릴 수 있습니까? 바로 우리의 입술을 통해 주의 말씀을 선포함으로 뿌릴 수 있습니다. 그럴 때 마음에 새로운 씨가 심기게 되고, 성령의 도우심으로 그 형질대로 싹이 나서 결국은 열매를 맺게 되는 것입니다.

> 20 사람은 입에서 나오는 열매로 말미암아 배부르게 되나니 곧 그의 입술에서 나는 것으로 말미암아 만족하게 되느니라 21 죽고 사는 것이 혀의 힘에 달렸나니 혀를 쓰기 좋아하는 자는 혀의 열매를 먹으리라 잠 18:20,21

우리는 타락한 후 자신이 경험한 것들만 말할 수밖에 없는 존재가 되었습니다. 그러나 예수 그리스도를 믿을 때 하나님의 영이 다시 우리 안에 임하십니다. 그리고 성령과 말씀이 우리 마음을 통치하심으로 우리가 우리 마음에 기록된 주의 말씀을 동일하게 선포할 때, 우리는 눈에 보이는 모든 피조물과 피조세계의 보이지 않는 이면에 영원히 존재하는 주의 말씀에 동의하게 됩니다. 그렇게 함으로 우리가 영원히 현존하시는 주님과 말씀 안에서 하나가 되는 것입니다. 먹고 배부르다는 것은 주의 말씀대로 이루어진 실체를 경험하게 되는 것을 의미합니다. 주의 자녀들이 주의 말씀을 마음에 심고 입술로 선포함으로써 하나님의 창조 사역에 동참하는 위임된 통치권을 누리는 것입니다.

> 내가 천국 열쇠를 네게 주리니 네가 땅에서 무엇이든지 매면 하늘에서도 매일 것이요 네가 땅에서 무엇이든지 풀면 하늘에서도 풀리리라 하시고
> 마 16:19

예수님께서는 우리에게 교회를 주시고, 우리로 하여금 예수 그리스도 안에서 예수 그리스도의 이름으로 이 땅을 다스릴 권능을 주셨습니다. 어떻게 그 권능을 사용하라고 하셨나요? 바로 이 땅에서 우리가 우리의 입술로 매고 풂으로써 그 권능을 사용하라고 하셨습니다. 맨다는 것은 이 땅에 악의 영향을 미치고 있는 세상의 것들을 불법이라고 선언하는 것이며, 푸는 것은 이 땅에 선한 영향을 미치지 못하고 있는 하나님의 일들을 합법이라고 선언하는 것입니다. 우리가 매고 풀 때 영원한 생명의 말씀에 동의하게 되고, 그 결과 주의 뜻이 이 땅에 실현되어지는 것입니다. 이것이 바로 이 땅에서 하나님의 형상을 드러내는 자, 하나님의 생명 안에서 왕노릇하는 자의 삶입니다.

> 한 사람의 범죄로 말미암아 사망이 그 한 사람을 통하여 왕노릇하였은즉 더욱 은혜와 의의 선물을 넘치게 받는 자들은 한 분 예수 그리스도를 통하여 생명 안에서 왕노릇하리로다 롬 5:17

예수 그리스도께서 주신 하나님나라 복음의 말씀은 모두 이 땅에서 그 실체가 경험되어지지 않은 영의 말씀입니다. 그러나 우리가 말씀을 믿고 우리의 입술로 말씀대로 선포할 때 영이요 생명이신 말씀에 동의하게 되는 것이며, 그 결과 말씀의 실체가 이 땅에 드러나게 되는 것입니다.

예수님께서는 우리를 구원하시고, 마귀의 일을 멸하시고, 우리로 하여금 주의 말씀을 선포함으로 이 땅에 왕 같은 제사장으로 주의 통치를 이루는 삶을 살도록 하셨습니다. 하나님께서 우리에게 주시고자 하는 것은 결코 불행이나 어려움이나 고통이나 질병이나 죽음이 아닙니다.

도둑이 오는 것은 도둑질하고 죽이고 멸망시키려는 것뿐이요 내가 온 것은 양으로 생명을 얻게 하고 더 풍성히 얻게 하려는 것이라 **요 10:10**

여호와의 말씀이니라 너희를 향한 나의 생각을 내가 아나니 평안이요 재앙이 아니니라 너희에게 미래와 희망을 주는 것이니라 **렘 29:11**

우리는 하나님의 약속의 말씀을 통해서 우리의 영광스런 미래를 발견해야 하고, 우리 입술의 고백을 통해서 그 말씀이 이루어지도록 해야 합니다. 항해할 때 키를 잡고 배를 운전하는 것과 마찬가지로 우리 인생의 항해에 있어서 입술은 배의 키와 같습니다. 우리도 우리의 미래를 우리의 입술을 통해서 열어가는 것입니다.

인생의 정원을 아름답게 가꿔라

- 과거 우리가 한 말이 현재 인생의 틀이 됩니다.
- 우리는 우리가 한 말대로 살고 있습니다.
- 오늘 내가 한 말이 내일을 향해 나를 조정해갈 것입니다.
- 결국 우리 말 속에 우리의 운명이 담겨 있습니다.

당신 집 앞에 있는 정원을 생각해보십시오. 아름다운 정원을 만들기 위해서는 씨를 심고, 물과 거름을 주고, 잡초를 제거하고, 제초제를 뿌리고, 울타리를 세워야 합니다. 그러나 만약 잡초를 보기 원한다면 아무 일도 할 필요가 없습니다. 가만히 두기만 해도 잡초가 정원 전부를 뒤덮게 될 것입니다. 우리도 이와 같습니다. 이미 하나님나라가 도래했고 우리가 그의 사랑의 아들의 나라 안에 있지만(골 1:13) 세상은 여전히 흑암의 권세 아래 놓여 있고, 마귀가 우는 사자처럼 돌아다니며 삼킬 자를 찾고 있습니다(벧전 5:8). 이것이 바로 현재적 하나님나라의 속성입니다.

우리의 미래도 마찬가지입니다. 가만히 있으면 당신 인생은 온갖 좋지 않은 것들로 뒤덮게 될 것입니다. 아름다운 정원을 꿈꾸며 풍성한 삶을 기대한다면 당신을 돌보아야 합니다. 그것은 바로 말씀의 씨를 심고 입술로 그 씨가 이룰 것을(말씀대로 이루어진 실상을) 말하는 것입니다. 그럴 때 당신의 삶에서 더럽고 악한 것이 사라지고, 신성한 강건함과 차고 넘치는 부요와 형통을 누리게 될 것입니다.

모든 사람은 각자 하나님께서 정해주신 예정(predestination)을 따라 살아가고 있습니다. 예정이란 '앞'과 '목적지'의 합성어로, 하나님께서 당신을 위해 미리 정하신 계획 또는 목적지를 말합니다. 우리 각 사람이 소명의 자리를 발견하고, 그 소명에 맞는 일을 행할 때 하나님께서는 그 예정을 이루도록 우리에게 비전을 주십니다. 그리고 우리는 주님께서 주신 그 비전에 따라 하나님의 약속의 말씀을 심고 선포함으로써 그 예정을 이루어야 합니다. 우리의 인생은 하나님의 약속과 우리의 믿음의 선포 그리고 그 말씀의 실현으로 가득 채워지는 여정이 되어야 합니다.

1 마귀의 간계를 대적하기 위해서 전신갑주를 입기 전에 해야 할 일은 무엇입니까?

2 전신갑주 중에서 유일한 공격용 무기는 무엇이며, 어떻게 사용해야 합니까?

3 말씀을 묵상하는 것과 말씀을 말씀대로 말하는 것의 차이는 무엇입니까?

4 마귀는 하나님의 자녀가 어떻게 할 때 가장 두려워합니까?

5 우리는 이 땅에서 예수 그리스도를 통하여 생명 안에서 어떻게 왕노릇할 수 있습니까?

6 우리는 어떻게 우리의 마음을 새롭게 할 수 있습니까?

PART 2

하나님의 자녀는 어떻게 말해야 하는가?

CHAPTER 06

킹덤빌더는
어떻게 살아야 하는가?

사람의 말과 하나님의 말씀

우리는 인간의 말과 하나님의 말씀이 서로 다르다는 것을 알아야 합니다. 타락한 우리의 말에는 정보와 지식은 있지만 생명이 없습니다. 우리가 어떤 대상이나 상황에 대해서 단어를 붙이고, 그 단어를 떠올리거나 말할 때 그것을 안다고 생각하지만, 그것은 그 대상이나 상황에 대한 피상적이고 개념적인 지식을 아는 것일 뿐, 그 실재에 대해 온전히 아는 것은 아닙니다.

사물, 사람, 상황과 같은 대상에 대해 우리의 거짓자아는 제한된 동일시를 위해서 분류하고, 단어를 붙여서 개념화 혹은 이미지화합니다. 그렇게 되면 그 대상은 우리의 경험에 기초한 생각이 되어 뇌와 잠재의식 안에 존재하게 됩니다. 이렇듯 단어라는 것은 어떤 실체를 인간의 마음이 인식할 수 있는 관념적 대상으로 변환시킨 것에 불과합니다. 다른 말로 표현하면 있는 그대로 보지 못하고 내 거짓자아의 생각 속에서 그것을 이해한다는 뜻입니다. 따라서 그 단어에 해당되는 실체의 생명이나 본질 또는 내면을 느낄 수는 없습니다.

우리는 많은 경우 하나님의 말씀도 이렇게 개념화시킵니다. 하나님의 말씀은 진리이지만 우리의 거짓자아로 하나님의 말씀을 받아들일 때 우리는 단지 우리의 의식이 이해할 수 있는(우리의 경험에 기초한 의식 수준에서 가능한) 관념적 대상으로 받아들일 수밖에 없습니다. 그것은 진리에 대한 정보이지 생명력은 없습니다. 그 말씀의 본질을 알기 위해서는 그 말씀을 하신 하나님의 마음을 알아야 하며, 또한 그 말씀이 나에게 체험되어져야 합니다. 바로 그 일을 행하시는 분이 하나님의 깊은 것까지도 통달하시는 성령님이십니다.

오직 하나님이 성령으로 이것을 우리에게 보이셨으니 성령은 모든 것 곧 하나님의 깊은 것까지도 통달하시느니라 고전 2:10

그러나 진리의 성령이 오시면 그가 너희를 모든 진리 가운데로 인도하시리니 그가 스스로 말하지 않고 오직 들은 것을 말하며 장래 일을 너희에게 알리시리라 요 16:13

성령 안에서 말씀이 깨달아진다는 것은 내 관념체계로 말씀을 이해하는 것이 아니라 하나님의 마음 안에서 그 말씀의 실체를 보는 것을 말합니다. 그럴 때 말씀이 영이요 생명이 되어 자신뿐만 아니라 세상을 변화시킬 수 있게 됩니다. 이것이 바로 킹덤빌더[4]의 삶의 본질입니다.

---

4 하나님 자녀의 정체성을 체험하고 매일 성령과 말씀을 통하여 자신 안에 하나님나라를 이룸으로써, 자신의 삶터에서 예수 그리스도의 대위임령에 기초한 제자적인 삶을 사는 자를 말합니다.

살리는 것은 영이니 육은 무익하니라 내가 너희에게 이른 말은 영이요 생명
이라 요 6:63

구약과 신약의 말씀은 무엇을 의미하는가?

그리스도인들은 은연중에 말씀에 대한 두 가지 생각을 갖게 됩니다. 첫째는 우리가 새 언약 속에 있기 때문에 구약의 말씀을 더 이상 지키지 않아도 된다는 생각이고, 둘째는 구약의 말씀(율법과 규례)도 하나님의 말씀이기 때문에 반드시 지켜야 된다는 생각입니다. 그러나 그 어느 것도 올바르지 않습니다. 우리가 이 부분에 대해서 제대로 알지 못하는 이유는 새 언약의 성취인 하나님나라의 복음을 제대로 알지 못하기 때문입니다.

예수님께서 율법의 마침이 되시고(롬 10:4), 율법의 저주가 되신(갈 3:13) 이유는 율법 자체를 폐하기 위해서가 아닙니다. 우리가 더 이상 스스로 그 율법을 지키고 행함으로 하나님의 영광 안으로 들어갈 필요가 없는 새 길을 열어서 율법을 완전하게 하기 위함이었습니다(마 5:17). 왜냐하면 말씀이신 예수님께서 우리 안에 오심으로 영이요 생명이신 말씀이 우리 안에 기록될 수 있게 되었기 때문입니다. 육신이 연약하여 율법이 할 수 없는 것을(우리의 육신으로는 율법을 지킬 수 없는 것을) 예수님께서 대신 하신 것입니다(롬 8:3).

예수 그리스도 안에 있을 때 우리는 더 이상 스스로 주체가 되어 율법을 듣고 마음을 변화시켜 그 율법을 지키고 행함으로 생명과 축복

을 누리는 식으로 살지 않아도 됩니다. 율법이 변한 것이 아니라 우리가 예수 그리스도로 인하여 하나님의 생명이 없는 자에서 하나님의 생명으로 지음 받은 새로운 피조물로 변화된 것입니다.

3 율법이 육신으로 말미암아 연약하여 할 수 없는 그것을 하나님은 하시나니 곧 죄로 말미암아 자기 아들을 죄 있는 육신의 모양으로 보내어 육신에 죄를 정하사 4 육신을 따르지 않고 그 영을 따라 행하는 우리에게 율법의 요구가 이루어지게 하려 하심이니라 롬 8:3,4

그리스도는 모든 믿는 자에게 의를 이루기 위하여 율법의 마침이 되시니라 롬 10:4

그리스도께서 우리를 위하여 저주를 받은 바 되사 율법의 저주에서 우리를 속량하셨으니 기록된 바 나무에 달린 자마다 저주 아래에 있는 자라 하였음이라 갈 3:13

17 내가 율법이나 선지자를 폐하러 온 줄로 생각하지 말라 폐하러 온 것이 아니요 완전하게 하려 함이라 18 진실로 너희에게 이르노니 천지가 없어지기 전에는 율법의 일점일획도 결코 없어지지 아니하고 다 이루리라 마 5:17,18

이것이 새 언약의 핵심입니다. 그리고 이 언약은 누구든지 예수 그리스도를 믿어 죄 사함을 받을 때 하나님의 생명이 그 안에 임함으로 성취됩니다.

> 그러나 그 날 후에 내가 이스라엘 집과 맺을 언약은 이러하니 곧 내가 나의 법을 그들의 속에 두며 그들의 마음에 기록하여 나는 그들의 하나님이 되고 그들은 내 백성이 될 것이라 여호와의 말씀이니라 렘 31:33

> 26 또 새 영을 너희 속에 두고 새 마음을 너희에게 주되 너희 육신에서 굳은 마음을 제거하고 부드러운 마음을 줄 것이며 27 또 내 영을 너희 속에 두어 너희로 내 율례를 행하게 하리니 너희가 내 규례를 지켜 행할지라 겔 36:26,27

우리의 영 안에는 말씀이신 예수님께서 함께하십니다. 이제 우리는 성령의 인도하심을 따라 진리의 말씀이 우리 마음에 기록되도록 해야 하며, 타락 이전과 같이 마음에 가득한 그 말씀을 말씀대로 말함으로써 이 땅에 주의 뜻을 이루는 삶을 살아야 합니다. 그것이 바로 예수님께서 선포하신 하나님나라 복음의 비밀이며, 예수님께서 인자로 이 땅에 오셔서 우리에게 보여주셨던 삶이었습니다.

> 무릇 하나님의 영으로 인도함을 받는 사람은 곧 하나님의 아들이라 롬 8:14

보혜사 곧 아버지께서 내 이름으로 보내실 성령 그가 너희에게 모든 것을 가르치고 내가 너희에게 말한 모든 것을 생각나게 하리라 요 14:26

그러나 진리의 성령이 오시면 그가 너희를 모든 진리 가운데로 인도하시리니 그가 스스로 말하지 않고 오직 들은 것을 말하며 장래 일을 너희에게 알리시리라 요 16:13

우리 안에 말씀을 두고, 기록하고, 거하게 한다는 뜻은?

우리는 말씀을 성경에 기록된 진리의 말씀으로만 생각하는데, 이제는 하나님나라 복음의 관점에서 새롭게 보아야 합니다. 왜냐하면 말씀이 곧 예수님이시기 때문입니다. 따라서 말씀 안에 거한다는 것은 예수 그리스도 안에 거하는 것입니다.

38 그 말씀이 너희 속에 거하지 아니하니 이는 그가 보내신 이를 믿지 아니함이라 39 너희가 성경에서 영생을 얻는 줄 생각하고 성경을 연구하거니와 이 성경이 곧 내게 대하여 증언하는 것이니라 40 그러나 너희가 영생을 얻기 위하여 내게 오기를 원하지 아니하는도다 요 5:38-40

하나님나라는 씨를 땅에 뿌림과 같다고 했습니다. '씨'는 하나님의 생명의 말씀이고(눅 8:11), '땅'은 우리의 마음 밭을 말합니다(눅 8:15). 우리가 말씀을 받는다는 것은(말씀을 우리 마음에 심는다는 것은) 법적

문서를 갖는 것과 같습니다. 예를 들어, 돌아가신 아버지의 유품을 정리하다가 내게 남기신 집문서를 발견했다고 합시다. 나는 그 집을 본 적도 없고 그 집에 대해 들은 적도 없지만, 집문서가 작성된 시점부터 그 집은 내 소유였습니다. 여기에는 시공간의 차원, 실제화(실체화) 차원, 소유권의 차원, 이 세 가지가 포함되어 있습니다.

> 26 또 이르시되 하나님의 나라는 사람이 씨를 땅에 뿌림과 같으니 27 그가 밤낮 자고 깨고 하는 중에 씨가 나서 자라되 어떻게 그리 되는지를 알지 못하느니라 28 땅이 스스로 열매를 맺되 처음에는 싹이요 다음에는 이삭이요 그 다음에는 이삭에 충실한 곡식이라 막 4:26-28

우리가 말씀을 받았다는 것은!

시공간의 차원 : 아버지가 내 이름으로 계약을 체결한 그때부터 이미 법적 효력이 시작되었음을 말합니다. 아직 나타나지 않았고 보이지 않지만, 예수님께서 이루신 것을 믿음으로 받는 순간부터 시공간을 초월하여 법적 효력이 나타납니다.

믿음은 바라는 것들의 실상이요 보이지 않는 것들의 증거니 히 11:1

실제화(실체화) 차원 : 내가 집을 본 적이 없다 하더라도 집문서는 그 집을

의미합니다. 씨 안에는 이미 그 식물 전체에 대한 모든 형질이 들어 있습니다. 콩 심은 데 콩이 나고, 팥 심은 데 팥이 나는 것입니다. 따라서 눈에 보이지 않는 말씀을 가졌다는 것은 눈에 보이는 실체(실제)를 가졌다는 것과 같은 의미를 가지고 있습니다.

믿음으로 모든 세계가 하나님의 말씀으로 지어진 줄을 우리가 아나니 보이는 것은 나타난 것으로 말미암아 된 것이 아니니라 히 11:3

소유권의 차원 : 내 이름이 들어 있는 집문서를 가지고 있다는 것은 그 집이 내 소유이며, 그 집을 취할 권리가 있다는 것을 말합니다. 말씀을 심을 때 소유권이 이전되기 때문에 취할 권리가 있습니다. 이제는 그 말씀을 믿음으로 선포하고 행동함으로 그 말씀의 실체를 소유해야 합니다.

그러므로 내가 너희에게 말하노니 무엇이든지 기도하고 구하는 것은 받은 줄로 믿으라 그리하면 너희에게 그대로 되리라 막 11:24

살아 있는 말씀이란?

대부분의 설교는 성경에 있는 주님의 메시지를 전하는 데 초점이 맞추어져 있습니다. 성경 말씀을 통해 진리와 개념과 어떤 깨달음을 전합니다. 예를 들면, 주님이 행하신 역사적 사실, 주님의 말씀에 대한 적절한 이해, 상황에 대한 주님의 가르침 등에 관한 것입니다. 물론 주님께서 행하신 일 그리고 하나님에 대한 지식도 필요합니다. 그러나 우리 삶의 변화를 위해 정말 중요한 것은 지식이나 교훈이 아닙니다. 주님께서 우리에게 말씀을 주신 이유는 주님의 실체를 나타내기 위한 것입니다. 그런데도 오늘날 성도들은 말씀이 곧 주님이라는 사실을 모르는 것 같습니다. 우리가 진정으로 전해야 하는 것은 주님(말씀) 그 자체이지 말씀에 대한 지식이 아닙니다.

정말로 말씀이 주님이시고, 말씀이 살아 있다고 인정한다면 그 말씀을 통해 주님의 실체가 나타나야 합니다. 그런데 안타깝게도 지금 우리가 듣는 대부분의 설교는 주님에 대한 말씀뿐입니다. 주님에 대한 말씀을 전할 때 그 말씀은 진리라는 지식과 정보이지만, 주님의 말씀을 말할 때 그 말씀은 영이요 생명이신 주님의 능력이 됩니다.

19 주께서 허락하시면 내가 너희에게 속히 나아가서 교만한 자들의 말이 아니라 오직 그 능력을 알아보겠으니 20 하나님의 나라는 말에 있지 아니하고 오직 능력에 있음이라 고전 4:19,20

오늘날 교회에서 매주일 설교를 듣는데도 왜 하나님의 역사가 일어나지 않을까요? 그동안 설교자는 주님이 어떤 분이신지, 주님이 가르치신 진리는 무엇인지 너무나 열심히 전했지만, 대부분 성도들의 삶은 변하지 않았고 여전히 그분을 알지 못한다고 고백합니다. 왜일까요? 성도들이 하나님을 만나지 못하고 단지 설교자의 말을 전해 들었기 때문입니다. 많은 설교는 말씀을 통하여 지금 이 순간 여기에 도래한 하나님나라(영적 세계)에 대해서 말하기보다는 현실의 물리세계와 죽고 나서 가는 천국에 대해 더 많이 말합니다. 설교자가 성경의 말씀을 해석하고, 깨달은 것을 전하고, 성도들에게 그 말씀을 자신의 삶에 어떻게 적용해야 하는지 가르치는 것은 구약적 가르침입니다.

하나님나라 복음에 기초한 설교란, 성령의 말씀을 통해서 설교자 자신이 먼저 주님을 만나고, 그분 안에서 그분의 말씀을 말할 때 그분께서 친히 영으로 생명으로 나타나는 것입니다. 그렇게 됨으로 인해 듣는 성도들이 그 말씀을 통하여 주님을 만나고, 그 말씀의 실체가 자신을 통하여, 그리고 자신의 삶을 통하여 체험되는 것입니다. 그것이 바로 신약적 설교입니다. 예수님께서는 그것을 포도주와 가죽 부대의 비유로 말씀하셨습니다. 새 포도주는 새 언약이고 낡은 가죽 부대는 거짓자아이며, 새 부대는 그리스도 안에 있는 새로운 자아를 말합니다. 거짓자아는 말씀을 지식과 정보로 이해할 수밖에 없지만, 새로운 자아는 말씀을 영이요 생명으로 체험하게 됩니다.

새 포도주를 낡은 가죽 부대에 넣지 아니하나니 그렇게 하면 부대가 터져 포도주도 쏟아지고 부대도 버리게 됨이라 새 포도주는 새 부대에 넣어야 둘이 다 보전되느니라 마 9:17

우리의 거짓자아가 말씀을 삶에 적용한다고 해서 우리가 새롭게 되는 것은 아닙니다. 말씀이신 예수님께서 내 영을 통하여 우리 마음에 나타나는 것을 경험하는 것을 의미합니다. 그것이 바로 설교하는 이유이자 설교를 듣는 이유입니다. 우리는 하나님의 자녀이기 때문에 예수 그리스도 안에서 그렇게 할 수 있는 믿음이 있습니다. 그런데 안타깝게도 대부분 자신의 육신적인 믿음으로 성경의 말씀을 믿습니다. 그렇기 때문에 성경의 필요성이 디모데후서 3장 16절 말씀에 그치고 맙니다. 그러나 성경의 진정한 유용성은 17절 말씀을 성취하는 데 있습니다.

> 15 또 어려서부터 성경을 알았나니 성경은 능히 너로 하여금 그리스도 예수 안에 있는 믿음으로 말미암아 구원에 이르는 지혜가 있게 하느니라 16 모든 성경은 하나님의 감동으로 된 것으로 교훈과 책망과 바르게 함과 의로 교육하기에 유익하니 17 이는 하나님의 사람으로 온전하게 하며 모든 선한 일을 행할 능력을 갖추게 하려 함이라 딤후 3 :15-17

한편 성도들도 애당초 하나님의 말씀을 지식이나 정보로 규정하고, 주님을 만나기보다는 무언가 더 배우기 위해서 말씀을 듣습니다. 슬픈 일입니다. 주님이 말씀이시고 말씀이 주님이십니다. 주님은 말씀을 통하여 우리와 만나기를 원하십니다. 관념적으로가 아니라 실제로 찾아오셔서 교제하기를 원하십니다. 그분이 우리 안에 거하시기 때문에 우리가 그분의 인격을 체험하는 것입니다. 사랑 자체이신 주님을 말입니다. 우리가 어떤 사람에 관한 책을 읽는 것과 그 사람과 직접 만나 교제하는 것은 다릅니다. 책이 아무리 많은 정보를 준다 할지라도 어떻게 그 사람과 함께 사랑을 나누는 것과 비교할 수 있겠습니까?

> 너희는 하나님으로부터 나서 그리스도 예수 안에 있고 예수는 하나님으로부터 나와서 우리에게 지혜와 의로움과 거룩함과 구원함이 되셨으니
>
> 고전 1:30

가장 중요한 사실은 말씀은 주님이시며, 주의 말씀이 말씀대로 선포될 때(말씀에 대한 인간의 생각이 아닌) 주님께서 지금 당신이 있는 장소에서 당신과 함께하신다는 것입니다. 우리는 이것을 진정으로 믿고 경험해야 합니다. 과거 '사랑과 영혼'이라는 영화가 있었습니다. 그 영화는 뉴에이지 요소들로 가득 차 있습니다. 그럼에도 불구하고 그 영화를 통해서 귀신이 실체이며 항상 존재하는 것처럼, 말씀이신 예수 그리스도를 증거하는 진리의 성령님도 항상 우리와 함께하신다는 사실을 알아야 합니다.

오늘날의 기독교계는 여전히 말씀 중심과 성령 중심으로 나뉘는 것 같습니다. 성령님께서는 진리의 영이시고 우리에게 말씀을 증거하시는 분입니다. 설교자가 성령의 인도함 없이 말할 때 그 말씀은 진리에 대한 정보이고 지식일 뿐입니다. 성도들도 성령의 조명 없이 말씀을 받으면 그 말씀 또한 정보이고 지식일 수밖에 없습니다.

말씀은 우리에게 어떻게 역사하는가?

우리는 자신의 현실을 변화시키기 위해 필요한 것이 말씀이라고 생각합니다. 그래서 말씀을 많이 읽고 그 말씀으로 현실을 판단하거나 바꾸려고 애를 씁니다. 그러나 주님께서 우리에게 말씀을 주신 이유는 단순히 우리의 현실을 변화시키기 위해서가 아닙니다.

주님께서는 첫째, 우리가 말씀을 통해 우리의 거짓자아로 세상을 보는 것과 주님의 눈으로 세상을 보는 것의 차이, 즉 하나님의 관점과 우리의 관점이 얼마나 큰 차이가 있는지 알게 하십니다. 그리고 둘째, 우리가 말씀을 통하여 하나님나라의 실체를 볼 수 있게 하십니다. 우리가 말씀을 볼 때 지금의 현실이 아닌 하나님께서 이루신 그분의 나라를 보게 되는 것입니다. 말씀대로 이루어진 실상을 우리 마음에 그려보는 것을 통해서 말입니다. 마지막으로 주님께서는 말씀을 통해 우리가 우리의 현실이 아닌 우리의 마음을 변화시키기 원하십니다. 그 일을 위해서는 무엇보다도 주의 말씀대로 이루어진 것을 우리 마음에 심어야 합니다. 그럴 때 심은 대로 거두게 되고, 믿은 대로 이루어지는 것입니다.

> 스스로 속이지 말라 하나님은 업신여김을 받지 아니하시나니 사람이 무엇으로 심든지 그대로 거두리라 갈 6:7

이것이 바로 새 언약입니다. 새 언약은 어떻게 이루어집니까? 그것은 하나님의 영이 우리 안에 임하여 영이요 생명이신 주의 말씀이 우리 마음에 기록됨으로 인해 우리가 주의 말씀을 선포하고 주의 뜻을 이루는 주의 친 백성이 됨으로써 이루어집니다(신 30:6 ; 렘 31:32,33 ; 겔 11:19,20).

> 19 내가 그들에게 한 마음을 주고 그 속에 새 영을 주며 그 몸에서 돌 같은 마음을 제거하고 살처럼 부드러운 마음을 주어 20 내 율례를 따르며 내 규례를 지켜 행하게 하리니 그들은 내 백성이 되고 나는 그들의 하나님이 되리라 겔 11:19,20

새 언약의 성취가 바로 예수님께서 전하신 하나님나라의 복음입니다. 하나님나라의 삶을 누리는 것은 예수 그리스도 안에서 우리 안에 기록된 주의 말씀을 말씀대로 말함으로 주의 뜻을 이루는 것입니다. 이것이 우리 자신과 환경을 변화시킬 수 있는 비밀입니다.

> 나라가 임하시오며 뜻이 하늘에서 이루어진 것같이 땅에서도 이루어지이다 마 6:10

> 그런즉 너희는 먼저 그의 나라와 그의 의를 구하라 그리하면 이 모든 것을 너희에게 더하시리라 마 6:33

말씀대로 말하여 주의 뜻을 이루는 비밀

그리스도인들은 흔히 우리 몸은 밥을 먹고 살지만 우리 마음은 말씀을 먹어야 산다고 말합니다. 이것을 입증해주는 말씀으로 마태복음 4장 4절을 인용합니다. 그런데 과연 먹기만 하면 될까요? 좀 더 깊이 생각해봅시다.

> 예수께서 대답하여 이르시되 기록되었으되 사람이 떡으로만 살 것이 아니요 하나님의 입으로부터 나오는 모든 말씀으로 살 것이라 하였느니라 하시니 마 4:4

몸의 경우를 예로 들면, 밥만 먹는다고 몸이 건강해지는 것이 아니라 먹은 밥이 몸에 소화되고 흡수되어야 합니다. 말씀도 마찬가지입니다. 단순히 말씀을 먹는다고 우리의 마음이 좋아지는 것이 아니라 말씀이 제대로 소화되고 흡수되어야 합니다. 그런데 대부분의 경우 말씀을 먹어도 소화되고 흡수되지 못하여 머리에만 남아 있으면 우리 마음은 말씀을 말하는 것이 아니라 여전히 자신의 마음이 경험하고 판단한 것을 뱉어내게 됩니다. 기껏해야 예수님에 대한 것만을 말하며 살아갑니다. 그 결과 심은 대로 거두고 있음에도 불구하고 왜 주의 말씀을 그토록 묵상하고 열심히 기도하는데 주의 말씀의 실체를 경험하지 못하는지 의아해합니다. 말씀이신 예수님을 나타내는 것이 아니라 자신이 일평생 되풀이한 습관대로 말하고 살 뿐이면서 말입니다.

그러면 어떻게 해야 말씀을 먹고 그 말씀을 소화시켜서 내 마음과 육신에 흡수시킬 수 있습니까? 오직 주님의 말씀을 말함으로 가능합니다. 밥을 소화시키기 위해서 위장이 운동을 해야 그 영양분이 장에서 흡수되는 것처럼 말씀을 마음에 소화시키기 위해서는 말씀을 말해야 합니다. 그럴 때 그 말씀이 마음에 흡수됩니다. 이제는 정말 말씀을 먹는 데만 그치는 것이 아니라 말씀을 말하고 사는 비밀을 깨달아야 합니다. 예수님께서 하나님의 말씀을 말하고 살아가신 것처럼 우리도 하나님의 말씀을 말씀대로 말하며 살아가야 합니다.

마태복음 4장 4절은 '양식'에 대한 말씀입니다. 예수님께서 제자들과 수가성에 들렀을 때 하신 말씀을 보면 이 말씀의 뜻을 좀 더 분명히 깨달을 수 있습니다. 제자들이 먹을 것을 사러 그 동네에 들어갔을 때 예수님은 뜨거운 정오에 물을 기르기 위해 우물에 나올 수밖에 없는 사마리아 여인과 대화를 나누셨습니다. 그리고 "내가 주는 물을 마시는 자는 영원히 목마르지 아니하리니 내가 주는 물은 그 속에서 영생하도록 솟아나는 샘물이 되리라"(요 4:14)라는 놀라운 진리의 말씀을 하셨습니다. 그 후 제자들이 돌아와 예수님께 음식을 드시도록 권했을 때 예수님은 다음과 같이 말씀하셨습니다.

30 그들이 동네에서 나와 예수께로 오더라 31 그 사이에 제자들이 청하여 이르되 랍비여 잡수소서 32 이르시되 내게는 너희가 알지 못하는 먹을 양식이 있느니라 33 제자들이 서로 말하되 누가 잡수실 것을 갖다 드렸는가 하니 34 예수께서 이르시되 나의 양식은 나를 보내신 이의 뜻을 행하며 그의

일을 온전히 이루는 이것이니라 요 4:30-34

예수님께서 말씀하신 양식, 아버지의 뜻을 행하며 그의 일을 온전히 이룬다는 것은 무엇을 의미합니까? 예수님께서 공생애 동안 어떻게 행하셨는지 다음 말씀을 읽으며 묵상해보십시오.

내가 아버지 안에 거하고 아버지는 내 안에 계신 것을 네가 믿지 아니하느냐 내가 너희에게 이르는 말은 스스로 하는 것이 아니라 아버지께서 내 안에 계셔서 그의 일을 하시는 것이라 요 14:10

예수님의 공생애는, 성령충만함을 받고 하나님의 말씀을 보고 듣고 하나님의 말씀을 말씀대로 이 땅에 선포하심으로 주의 뜻을 이루는 일을 행하신 삶이었습니다. 할렐루야! 그렇기 때문에 우리는 하나님의 입으로부터 나오는 모든 말씀으로 살아야 한다는 것이 단순히 말씀을 먹기만 하는 것이 아니라 하나님의 말씀을 그 말씀대로 우리 입술로 말함으로써 주의 뜻을 이루는 것임을 알아야 합니다.

주의 말씀을 말하는데도 주의 뜻이 이루어지지 않는 이유
첫 번째 이유는 우리가 예수 그리스도를 믿지 않았을 때, 마음에 가득한 악한 것들을 말하며 살았기 때문입니다 (마 15:18,19).

선한 사람은 마음에 쌓은 선에서 선을 내고 악한 자는 그 쌓은 악에서 악을 내나니 이는 마음에 가득한 것을 입으로 말함이니라 눅 6:45

두 번째, 우리가 예수 그리스도를 믿은 후에도 자신의 마음과 일치되지 않는 거짓말을 하고 살았기 때문입니다.

이 백성이 입술로는 나를 공경하되 마음은 내게서 멀도다 마 15:8

이르시되 이사야가 너희 외식하는 자에 대하여 잘 예언하였도다 기록하였으되 이 백성이 입술로는 나를 공경하되 마음은 내게서 멀도다 막 7:6

세 번째, 하나님의 말씀을 마음에 두기 싫어했기 때문입니다.

그러면 무엇을 말하느냐 말씀이 네게 가까워 네 입에 있으며 네 마음에 있다 하였으니 곧 우리가 전파하는 믿음의 말씀이라 롬 10:8

한마음과 한 입으로 하나님 곧 우리 주 예수 그리스도의 아버지께 영광을 돌리게 하려 하노라 롬 15:6

우리가 하나님의 자녀인 것을 믿고 주의 말씀을 말씀대로 말하는데도 주의 뜻이 나타나지 않는 이유는 무엇일까요? 그것은 우리에게 임한 하나님의 나라(통치)가 이 땅에 영향을 미치는 근본적인 힘과 원리를 제대로 알지 못하기 때문입니다. 좀 더 정확히 말하자면 ① 그리스도 안에 거하지 않고 ② 주의 말씀을 영으로 듣지 못하고 ③ 믿음으로 주의 말씀을 말하는 것이 무엇인지를 제대로 깨닫지 못하기 때문입니다. 이 문제를 다음 넉 장에 걸쳐서 나누고자 합니다.

1 하나님의 말씀과 우리 말의 차이는 무엇입니까?

2 말씀을 머리에 기억하는 것과 마음에 기록하는 차이는
  무엇입니까?

3 새 포도주와 오래된 포도주, 가죽 부대의 비유를 읽어보
  십시오(마 9:17). 이 말씀에 비추어볼 때 우리의 삶에 말씀
  의 능력이 나타나지 않는 이유는 무엇일까요?

4 하나님께서 우리에게 말씀을 주신 이유는 무엇입니까?

5 구약의 말씀과 신약의 말씀의 차이는 무엇입니까?

6 하나님의 입으로부터 나오는 모든 말씀을 먹고 산다는
  것은 무엇을 의미합니까?

CHAPTER 07

우리는 그리스도 안에
거해야 한다

예수님께서 하신 말씀은 부활 승천 후에 임할 하나님나라의 복음이다

우리가 사복음서를 읽을 때 꼭 기억해야 할 사실은 예수님의 모든 가르침은 하나님나라의 복음에 대한 것이며(물론 복음을 알리기 위해서 율법에 대하여 가르치신 내용도 있음), 그 말씀은 인간의 모든 죄를 대속하기 위해서 십자가를 지신 후 부활 승천하셔서 우리에게 약속하신 보혜사 성령님이 오신 후에 적용될 내용이라는 것입니다.

예를 들어, 우리가 암송하는 주기도문을 생각해보십시오. 예수께서 너희는 이렇게 기도하라고 말씀하시며 가르쳐주신 첫 문장은 "하늘에 계신 우리 아버지여"로 시작됩니다. 우리가 하나님을 아버지라고 부를 수 있는 때는 언제입니까? 바로 예수 그리스도께서 우리 안에 오심으로 하나님의 영의 인도함을 받을 때입니다.

우리가 잘 아는 마가복음 11장 23,24절 말씀은 예수님께서 가르쳐주신 놀라운 약속의 말씀입니다. 그러나 그 말씀이 이루어지기 위해서는 먼저 '나의 믿음'이 아니라 '하나님 안에 있는 믿음'을 가져야 한다고 말씀하셨습니다. 그렇다면 그 믿음은 언제 가질 수 있습니까? 그것은 오순절 날을 통하여 하나님나라가 도래한 후에 가능한 일입니다. 사도 베드로의 삶을 통해서도 그것을 알 수 있습니다(행

3:6,16).

> 22 예수께서 그들에게 대답하여 이르시되 하나님을 믿으라[have faith in God(대부분의 영어역본), have faith of God(YLT)] 23 내가 진실로 너희에게 이르노니 누구든지 이 산더러 들리어 바다에 던져지라 하며 그 말하는 것이 이루어질 줄 믿고 마음에 의심하지 아니하면 그대로 되리라 24 그러므로 내가 너희에게 말하노니 무엇이든지 기도하고 구하는 것은 받은 줄로 믿으라 그리하면 너희에게 그대로 되리라 막 11:22-24

22,23절 말씀의 핵심을 정리하면, ① 구원받은 자녀가 하나님 안에 있는 믿음을 가지면 ② 주의 말씀대로 불가능한 일을 입으로 말할 수 있으며 ③ 그 입술의 말을 듣고 자신의 마음을 새롭게 함으로 마음의 믿음과 입술의 말이 일치하면 ④ 그 말이 하늘에 있는 말씀에 동조하게 됨으로써 ⑤ 마침내 그 말씀의 실체가 이 땅에 나타나게 된다는 것입니다.

이 일은 거짓자아가 주체(육적 존재)가 된 나의 믿음이 아니라 그리스도 안에서 새로운 피조물이 된 자(영적 존재)의 믿음, 즉 예수 그리스도 안에 있는 믿음이 있을 때만 이루어질 수 있습니다. 그러나 불가능을 가능하게 하는 결정적인 핵심은 주의 말씀을 말씀대로 말하는 데 있습니다. 다시 한번 생각해보십시오. 하나님께서 당신의 형상을 따라 당신의 모양대로 인간을 지으신 다음 생기를 불어넣으시고, 다스리는 권세를 주셨습니다. 그 권세는 어떤 권세입니까? 그것은 바로 하나님께서 말씀을 말하심으로 천지만물을 지으신 것처럼, 자녀에게도 주의 생명 안에서 주의 말씀을 말씀대로 말함으로써 주의 뜻을 이루는 권세입니다. 할렐루야!

우리가 그리스도 안에 거한다는 것이 무엇인가?

이 말씀을 온전히 깨닫기 위해 짝이 되는 말씀이 바로 요한복음 15장 7절입니다. 이 말씀은 이 땅에 주의 뜻을 이룰 수 있는 비밀을 알려주는 귀중한 말씀입니다. 앞으로 이 말씀의 뜻을 넉 장에 걸쳐서 새롭게 조명하고자 합니다. 우리가 이 비밀을 깨닫게 되면 각자의 삶에서 말씀의 실체를 경험하는 놀라운 삶을 살게 될 것입니다. 7절의 말씀을 보면 그 순서가 중요합니다. 하나님의 말씀이 우리 안에 거하기 위해서는 먼저 우리가 예수 그리스도 안에 거해야 합니다. 그럴 때 하나님의 자녀는 약속의 말씀을 무엇이든지 원하는 대로 말할 수 있으며 그 열매를 얻게 됩니다.

> 너희가 내 안에 거하고 내 말이 너희 안에 거하면 무엇이든지 원하는 대로 구하라 그리하면 이루리라 요 15:7

우리가 그리스도 안에 거한다는 것을 어떻게 알 수 있습니까?

> 너희가 내 안에 거하고… 요 15:7

이 말씀은 요한복음 15장 4,5절 말씀의 축약이라고 할 수 있습니다.

4 내 안에 거하라 나도 너희 안에 거하리라 가지가 포도나무에 붙어 있지 아니하면 스스로 열매를 맺을 수 없음 같이 너희도 내 안에 있지 아니하면 그러하리라 5 나는 포도나무요 너희는 가지라 그가 내 안에, 내가 그 안에 거하면 사람이 열매를 많이 맺나니 나를 떠나서는 너희가 아무것도 할 수 없음이라 요 15:4,5

우리가 예수 그리스도를 믿음으로 물과 성령으로 거듭날 때 우리는 죄 사함을 받고, 그리스도께서 우리 안에 거하시고, 우리가 주 안에서 연합됩니다. 그것은 육신의 생각으로 이해할 수 있는 일이 아니라 영적으로 일어난 일입니다.

20 내가 비옵는 것은 이 사람들만 위함이 아니요 또 그들의 말로 말미암아 나를 믿는 사람들도 위함이니(I am praying not only for these disciples but also for all who will ever believe in me through their message, NLT) 21 아버지여, 아버지께서 내 안에, 내가 아버지 안에 있는 것같이 그들도 다 하나가 되어 우리 안에 있게 하사 세상으로 아버지께서 나를 보내신 것을 믿게 하옵소서 22 내게 주신 영광을 내가 그들에게 주었사오니 이는 우리가 하나가 된 것같이 그들도 하나가 되게 하려 함이니이다 23 곧 내가 그들 안에 있고 아버지께서 내 안에 계시어 **그들로 온전함을**

이루어 하나가 되게 하려 함은 아버지께서 나를 보내신 것과 또 나를 사랑하심 같이 그들도 사랑하신 것을 세상으로 알게 하려 함이로소이다(May they experience such perfect unity that the world will know that you sent me and that you love them as much as you love me, NLT)
요 17:20-23

20절 말씀은 사도들뿐만 아니라 사도들이 전한 예수 그리스도를 믿는 자들을 의미하는 것으로 로마서 10장 10절의 말씀으로 해석될 수 있습니다. 따라서 그리스도 안에 거하는 것은 우리의 공로나 행위나 업적에 의한 것이 아니라 오직 우리의 믿음으로 인한 하나님의 주권으로 이루어집니다.

사람이 마음으로 믿어 의에 이르고 입으로 시인하여 구원에 이르느니라
롬 10:10

너희는 그 은혜에 의하여 믿음으로 말미암아 구원을 받았으니 이것은 너희에게서 난 것이 아니요 하나님의 선물이라 엡 2:8

그런데도 많은 그리스도인들은 요한복음 15장 7절을 전할 때 "어떻게 하면 내가 그리스도 안에 거할 수 있을까?"라고 질문합니다. 질문하는 자들의 마음이 얼마나 간절한지를 느낄 수 있습니다. 그러나 실제로 그들은 마음의 믿음보다는 머리의 지성을 통한 이해가 훨씬

더 중요하다고 믿고 있는 것을 증명할 뿐입니다. 내게 생명으로 찾아오신 하나님을 받아들이기보다는 자신의 경험과 지식 그리고 자신의 사고체계에 기초하여 이해가 되는 것을 받아들이겠다는 거짓자아의 의식체계에서 벗어나지 못하고 있습니다. 그것이 바로 믿음이 없다는 증거입니다.

저는 이런 질문을 들을 때마다 우리가 정말 제대로 된 복음을 듣고 경험하고 있는지 의심하게 됩니다. 이천 년 전의 그리스도인들은 대부분이 문맹이고, 성경책도 없었지만 그럼에도 불구하고 복음을 알고 누렸는데, 지금 우리는 글을 읽을 줄 알고 성경책도 가지고 있는데 왜 그리스도 안에 거하는 것을 모르는지 안타깝기 짝이 없습니다. 로마서 1장 17절을 생각해보십시오.

복음에는 하나님의 의가 나타나서 믿음으로 믿음에 이르게 하나니 기록된 바 오직 의인은 믿음으로 말미암아 살리라 함과 같으니라 롬 1:17

예수님께서 전하신 복음에는 하나님의 본성인 '의'가 나타나서, 우리가 믿음으로 그것을 받아들일 때 우리의 거룩함이나 헌신 때문이 아닌 오직 하나님의 은혜로 의인이 되게 하시고, 예수 그리스도 안에서 주의 자녀의 삶을 살 수 있게 되었다고 말씀하십니다.

24 그리스도 예수 안에 있는 속량으로 말미암아 하나님의 은혜로 값없이 의롭다 하심을 얻은 자 되었느니라 25 이 예수를 하나님이 그의 피로써 믿

음으로 말미암는 화목제물로 세우셨으니 이는 하나님께서 길이 참으시는 중에 전에 지은 죄를 간과하심으로 자기의 의로우심을 나타내려 하심이니 26 곧 이 때에 자기의 의로우심을 나타내사 자기도 의로우시며 또한 예수 믿는 자를 의롭다 하려 하심이라 롬 3:24-26

예수 그리스도의 속량으로 말미암아 우리의 본질인 옛자아(sinful nature), 옛 본성, 죄성이 사라짐으로 우리 영 안에 있던 마귀는 떠나가고 그 대신 우리에게 임하신 하나님의 영으로 말미암아 우리 영 안에 새로운 거룩한 자아(divine nature)가 만들어졌습니다. 그것이 우리의 본질입니다. 우리가 그리스도 안에서 새로운 존재가 된 것입니다. 이 새로운 피조물(새로운 자아)은 내 스스로 만든 것이 아니라 죽으시고 부활하신 예수님께서 내 안에 오심으로 인하여 새롭게 창조된 것입니다. 그래서 우리는 오직 예수 그리스도 안에서 하나님의 의(하나님의 성품과 능력을 나타내는 자)가 된 것입니다.

그런즉 누구든지 그리스도 안에 있으면 새로운 피조물이라 이전 것은 지나갔으니 보라 새것이 되었도다 고후 5:17

하나님이 죄를 알지도 못하신 이를 우리를 대신하여 죄로 삼으신 것은 우리로 하여금 그 안에서 하나님의 의가 되게 하려 하심이라 고후 5:21

그럼에도 불구하고 우리의 거짓자아는 여전히 옛날과 동일하게 존재하며, 우리는 그 거짓자아가 여전히 자신이라고 믿고 있습니다. 왜냐하면 우리의 영은 새롭게 되었고 새로운 존재가 되었지만 자신의 존재를 의식하는 영혼은 그리스도의 영 안에서 그리스도 의식을 갖기보다는 여전히 마음의 생각과 느낌에 종노릇하며 살기 때문입니다. 그래서 우리는 날마다 자기를 부인하고 자기 십자가를 지는 삶을 살아야 합니다(마 16:24).

> 형제들아 내가 그리스도 예수 우리 주 안에서 가진 바 너희에 대한 나의 자랑을 두고 단언하노니 나는 날마다 죽노라 고전 15:31

우리의 옛자아가 죽고 없기 때문에 우리의 존재는 더 이상 죄가 없으며 더 이상 죄를 지을 수 없음에도 불구하고(요일 3:9), 우리의 마음은 자신의 과거의 경험과 현실의 삶에 기초하여 죄책감을 느끼고, 그 결과 우리의 영혼은 죄의식을 느끼게 됩니다. 우리가 죄 사함을 받았다는 것은 거짓자아가 의롭게 되었다는 뜻이 아닙니다. 우리가 바로 알아야 할 진리는 우리의 본질이 의롭게 되었다는 사실입니다.

> 하나님께로부터 난 자마다 죄를 짓지 아니하나니 이는 하나님의 씨가 그의 속에 거함이요 그도 범죄하지 못하는 것은 하나님께로부터 났음이라
> 요일 3:9

더 이상 거짓자아에 속고 살지 않아도 되는 이유

다시 강조하자면, 지금 하나님의 자녀인 우리가 예수 그리스도 안에서 하나님의 의가 되었음에도 불구하고, 우리의 영혼은 죄의식, 우리의 마음은 죄책감과 두려움에 시달리고 있습니다. 이것은 어찌보면 당연한 일입니다. 왜냐하면 우리의 마음과 육신이 여전히 죄를 짓고 살기 때문입니다. 구원받은 후에도 내 존재가 거짓자아라고 착각한다면, 우리는 늘 죄를 짓기 때문에 죄책감과 죄의식에 시달릴 수밖에 없습니다. 하지만 그 거짓자아가 더 이상 내 존재가 아니라는 사실을 깨닫게 된다면, 설령 내 마음과 육체가 죄를 짓더라도 내 존재는 더 이상 죄의식이나 죄책감에 시달리지 않아도 됩니다. 이 사실을 깨달은 사도 바울은 놀랍게도 현실적으로 죄를 지음에도 불구하고 하나님께 감사했으며, 예수 그리스도 안에 있는 자에게는 결코 정죄함이 없다고 담대하게 선포했습니다. 할렐루야!

> 24 오호라 나는 곤고한 사람이로다 이 사망의 몸에서 누가 나를 건져내랴
> 25 우리 주 예수 그리스도로 말미암아 하나님께 감사하리로다 그런즉 내 자신이 마음으로는 하나님의 법을 육신으로는 죄의 법을 섬기노라
> 롬 7:24,25

> 그러므로 이제 그리스도 예수 안에 있는 자에게는 결코 정죄함이 없나니
> 롬 8:1

하나님의 생명이 우리 안에 임하시고, 그 법이 우리 안에 계심으로 우리의 존재가 새롭게 되었기 때문에 우리는 더 이상 거짓자아에 속고 살지 않아도 됩니다. 과거처럼 내 거짓자아가 율법을 지킴으로써 내 자신을 지키고 축복을 받으려고 애쓰는 삶이 아니라 새로운 자아가 우리 마음과 육신을 매일 새롭게 하는 삶을 살 수 있게 된 것입니다.

> 이는 그리스도 예수 안에 있는 생명의 성령의 법이 죄와 사망의 법에서 너를 해방하였음이라 롬 8:2

다시 생각해봅시다. 우리가 예수 그리스도 안에서 하나님의 의가 된 것은 우리 때문인가요? 아니면 예수 그리스도 때문인가요? 나의 행위나 공적으로 된 것이 아니라 오직 예수 그리스도의 은혜와 하나님의 사랑과 성령의 역사로 된 것입니다. 그러면 그것을 믿지 못하게 하는 것이 무엇입니까? 바로 우리 뇌의 경험과 마음의 생각 그리고 그것에 종노릇하는 자아 의식체인 영혼입니다. 즉 거짓자아입니다. 우리 육신(마음과 육체)은 죄책감으로, 우리 영혼은 죄의식에 사로잡혀 있는 것입니다.

> 믿음의 결국 곧 영혼(헬, 프쉬케)의 구원을 받음이라 벧전 1:9

우리의 생각이나 느낌으로 우리는 결코 그리스도 안에 거할 수 없습니다. 그것은 우리의 행위나 공로로 된 것이 아니라 삼위일체 하나님으로 인하여 된 것이기 때문입니다. 그래서 그리스도 안에서 하나님의 의가 된 자, 즉 의인은 오직 믿음으로 살아야 하며, 서로 지극히 거룩한 믿음 위에 자신을 세워야 합니다.

사랑하는 자들아 너희는 너희의 지극히 거룩한 믿음 위에 자신을 세우며 성령으로 기도하며 유 1:20

질문을 하나 하겠습니다. "당신은 예수 그리스도를 믿음으로 구원을 얻었습니까?" 만약 "아멘" 한다면 당신은 지금 예수 그리스도 안에 있는 것입니다. 그러나 만약 '어떻게?'라고 생각한다면, 생각하는 그 순간 당신은 예수 그리스도 밖에 있는 것입니다. 왜냐하면 그 생각을 하는 주체가 바로 거짓자아이기 때문입니다. 그렇다면 우리는 왜 '어떻게 예수 그리스도 안에 있을 수 있지?'라는 생각에서 벗어날 수 없는 것일까요? 그것은 예수 그리스도 밖에 있는 거짓자아가 갖는 죄의식과 죄책감 때문입니다.

우리는 우리가 예수 그리스도 안에서 하나님의 의라고 생각할 때마다 우리의 마음에서 올라오는 '어떻게'와 '죄책감', '죄의식'을 넘어 지극히 거룩한 믿음 위에 자신의 존재를 세워야 합니다(유 1:20). 그것이 바로 믿음이며 진리에 대한 깨달음입니다. 즉, "누가 뭐래도 나는 이미 예수 그리스도 안에 존재하고 있어"라고 고백할 때 당신은 이미 예수 그리스도 안에 있으며, 그때부터 당신의 거룩한 자아가 당신의 마음을 새롭게 할 수 있습니다.

1 예수님께서 공생애 동안 가르치신 내용은 어느 때를 위함입니까?

2 우리가 죄를 지을 수 없는 존재라는 것은 어떤 의미입니까? 반대로 우리는 날마다 죄를 짓고 있는 존재라는 것은 어떤 의미인가요?

3 자신이 예수 그리스도 안에 거한다는 것을 어떻게 알 수
  있습니까?

4 "믿음의 결국 곧 영혼의 구원을 받음이라"(벧전 1:9). 이
  말씀은 어떤 뜻입니까?

CHAPTER 08

주의 말씀이
우리 안에 거해야 한다

지난 장에서는 우리가 예수 그리스도 안에 거하는 것이 무엇인지에 대해서 알아보았습니다. 이번에는 주의 말씀이 우리 안에 거하는 것이 무엇인지에 대해서 알아보도록 합시다.

… 내 말이 너희 안에 거하면… 요 15:7

이 말씀의 참뜻을 깨닫기 위해서는 먼저 주의 말씀을 영으로 들을 줄 알아야 합니다. 그럴 때 비로소 주의 말씀이 우리 안에 거할 수 있기 때문입니다.

어떻게 말씀을 영으로 들을 수 있는가?

우리는 말씀을 어떻게 생각해야 합니까? 우리는 말씀이 진리이고 생명이라고 믿지만 막상 말씀을 대하는 태도는 전혀 그렇지 않습니다. 대부분의 경우 말씀을 대할 때 말씀이 진리이기 때문에 내가 말씀을 받아들인다는 식으로 생각합니다. 그렇게 되면 결국 자신의 경험과 마음의 사고체계에 기초하여 그 말씀을 판단하고 자신이 이해할 수 있는 정도에 한해서만 말씀을 받아들일 수밖에 없습니다.

　성경의 말씀을 대하는(말씀을 읽거나 듣는) 우리의 태도를 바꾸어야 합니다. 하나님을 대하는 마음가짐을 가져야 합니다. 왜냐하면 말씀이 하나님이시기 때문입니다. 지금 당신이 하나님 앞에 서 있다고 가정해보십시오. 주님께서 당신에게 말씀하실 때 당신은 "주님, 당신이 그렇게 말씀하셨지만 제 생각은 그렇지 않습니다. 그 말씀은 제가 받아들이기 곤란합니다"라고 말할 수 있겠습니까? 그것은 당신이 하나님을 판단하는 것입니다.

　말씀은 영이요 생명입니다. 우리가 거짓자아로부터 벗어나도록 하기 위해서, 다른 말로 우리의 마음을 새롭게 함으로 변화를 받기 위해서 말씀이 필요한 것이지, 거짓자아에게 그 말씀의 도움이 필요한 것이 아님을 알아야 합니다. 말씀을 영으로 받을 때만 우리의 마음을 변화시킬 수 있는 것이지 말씀을 단지 진리나 정보로만 생각한다면, 그 육의 생각(자신의 경험과 사고체계에 기초한 생각)은 항상 영의 생각(성령을 통하여 주어지는 하나님의 말씀)을 이기게 됩니다. 우리가 말씀을 수없이 읽고 묵상하는데도 우리의 삶과 생활이 변화되지 않는 것이 그런 이유 때문입니다.

　그렇다면 어떻게 말씀을 우리의 마음이 아닌 우리의 영으로 받을 수 있을까요? 너무 쉬운 일임에도 불구하고 많은 그리스도인들이 특별한 성도만 그렇게 할 수 있다고 잘못 알고 있습니다. 우리가 구원받은 그리스도인들이라면 누구든지 주의 말씀을 영으로 받을 수 있습니다. 할렐루야! 그렇게 하기 위해서 다시 한번 자신을 점검해봅시다.

첫째, 당신은 구원받았습니까? 예수 그리스도께서 그리스도이시며 살아 계신 하나님의 아들이심을 믿습니까? 그리고 그분이 나의 구세주이심을 믿고, 그의 죽으심과 부활하심에 연합했습니까? 그렇다면 당신은 예수 그리스도께서 지신 십자가를 통하여 대속 받았고, 약속하신 성령님으로 인하여 하나님의 생명이 당신 안에 계십니다.

> 만일 너희 속에 하나님의 영이 거하시면 너희가 육신에 있지 아니하고 영에 있나니 누구든지 그리스도의 영이 없으면 그리스도의 사람이 아니라 롬 8:9

둘째, 당신은 당신의 정체성을 어떻게 규정하고 있습니까? 어떤 존재를 진정한 자신이라고 인식합니까? 지금 당신의 마음에서 올라오는 생각과 느낌과 의지를 당신이라고 생각합니까? 그것은 당신의 마음일 뿐이지 당신이 아닙니다. 당신이 구원을 받았다면 예수 그리스도 안에서 새로운 피조물이며, 하나님의 생명 안에 있는 당신은 영적 존재입니다. 우리가 거듭났다면 우리의 심령 안에 더 이상 세상 신은 없고 하나님의 영이 계십니다. 따라서 당신 자신이 더 이상 육적 존재가 아니라 영적 존재임을 받아들이면, 영이요 생명이신 주의 말씀을 영으로 받을 수 있습니다.

너무나 중요하기 때문에 다시 한번 확인합니다. 만약 당신이 "내가 영적 존재인 것을 믿습니다"라고 고백한다면 당신은 지금 예수 그리스도 밖에 있으며, 당신은 영적 존재가 아닙니다. 왜냐하면 내가 무엇을 믿는다고 말할 때 의식의 주체는 여전히 거짓자아가 되기 때문입니다. 우리가 구원을 받았고 예수 그리스도 안에 거한다면 말씀을 믿는 것이 아니라 말씀이 말하는 대로 된 것입니다! 할렐루야!

다시 "너희는 하나님으로부터 나서 그리스도 예수 안에 있고"(고전 1:30)라는 말씀을 봅시다. 하나님께서 이 말씀을 우리에게 주신 것은 우리로 하여금 이 말씀을 믿도록 하시기 위해서입니까? 아니면 그렇게 되었음을 알기 원하셔서입니까?

> 너희는 하나님으로부터 나서 그리스도 예수 안에 있고 예수는 하나님으로부터 나와서 우리에게 지혜와 의로움과 거룩함과 구원함이 되셨으니
>
> 고전 1:30

셋째, 자신이 영적 존재인 것을 알고, 이미 언급한 바와 같이 더 이상 자신의 마음으로 하나님의 말씀을 판단하지 않을 때 말씀을 영으로 받는 것입니다. 거짓자아로 말씀을 판단하는 자가 되는 것이 아니라 진정한 존재(그리스도 안에 있는 새로운 자아, 영적 존재)로 영이요 생명이신 하나님의 말씀에 동의함으로 하나님의 말씀과 자신의 영이 일치되고, 그럴 때 그 말씀으로 자신의 마음과 육신을 변화시킬 수 있고, 주의 뜻을 이룰 수 있게 됩니다.

그러므로 모든 더러운 것과 넘치는 악을 내버리고 너희 영혼을 능히 구원할 바 마음에 심어진(헬라어 원어에는 그냥 '심어진'이라고 했지 '마음'이라는

말이 없음) 말씀을 온유함으로 받으라 약 1:21

하나님의 말씀을 영으로 받는 핵심은 뇌와 마음으로(자신의 경험에 따른 기억과 마음의 사고체계에 기초하여) 말씀을 판단하지(선하게 혹은 악하게, 긍정적 혹은 부정적, 믿는 것이든 믿지 않는 것이든) 않고 말씀대로 받아들이는 것입니다. 그럴 때 주의 말씀이 자신의 영에 임하게 됩니다. 할렐루야! 그럴 때 우리의 영혼은 그리스도 의식을 갖게 되고, 들은 영의 말씀을 자신의 뇌에 기억시키고 마음에 기록할 수 있게 됩니다. 그것이 바로 진정한 예수 그리스도 안에 있는 믿음입니다.

성경에서 이러한 믿음과 고백으로 주의 말씀을 받았을 때 주의 뜻이 이루어진 것을 볼 수 있습니다. 가장 놀라운 예는 예수 그리스도를 잉태한 마리아의 예입니다.

37 대저 하나님의 모든 말씀은 능하지 못하심이 없느니라 38 마리아가 이르되 주의 여종이오니 말씀대로 내게 이루어지이다 하매 천사가 떠나가니라 눅 1:37,38

처녀가 아이를 잉태할 수 없다는 것은 누구나 아는 사실이고 상식입니다. 그럼에도 불구하고 가브리엘 천사가 와서 주의 말씀을 전하고, 하나님께서 그분의 말씀을 이루신다는 것을 알렸을 때, 마리아는 자신의 생각으로 주의 말씀을 판단한 것이 아니라 그 말씀을 생명으로 받았습니다. "주의 여종이오니"라는 것은 주의 뜻을 이루는 자라는 뜻입니다. 지금으로 말하자면 "나는 이미 구원받은 하나님의 자녀이기 때문에"라는 고백과 같습니다. "말씀대로 내게 이루어지이다"라는 고백이 얼마나 아름답고 놀라운지요? 그것은 "그 말씀이 주님이시니 그 말씀대로 내게 이루어집니다"라고 고백했다는 뜻입니다. 자신이 그 말씀을 믿는 것이 아니라 자신이 그 말씀대로 되었다는 것을 받아들인 것입니다.

또 다른 예는, 예수님께서 가버나움에 들어가실 때 한 백부장이 나아와 사랑하는 하인이 중풍병으로 고생하고 있다고 말하며, 치유해 주실 것을 요청한 일입니다. 예수님께서 기꺼이 가서 고쳐주시겠다고 말씀하셨을 때 백부장은 놀라운 믿음의 고백을 했습니다.

> 7 이르시되 내가 가서 고쳐 주리라 8 백부장이 대답하여 이르되 주여 내 집에 들어오심을 나는 감당하지 못하겠사오니 다만 말씀으로만 하옵소서 그러면 내 하인이 낫겠사옵나이다 마 8:7,8

그는 예수님의 말씀이 바로 예수님이심을 알고 믿었으며, 그 믿은 대로 고백했습니다. 할렐루야! 그 결과 말씀대로 이루어졌습니다. 말씀이 시공간을 초월하여 영원히 존재하는 주님이시기 때문입니다.

> 24 그러므로 모든 육체는 풀과 같고 그 모든 영광은 풀의 꽃과 같으니 풀은 마르고 꽃은 떨어지되 25 오직 주의 말씀은 세세토록 있도다 하였으니 너희에게 전한 복음이 곧 이 말씀이니라 벧전 1:24,25

이제 잘못된 지식과 가르침을 버리고 진정한 믿음으로 주의 말씀을 영으로 받으시기 바랍니다. 하나님의 말씀은 영이요 생명이며, 우리는 하나님의 생명으로 거듭난 영적 존재이기 때문에, 우리 영이 하나님의 말씀을 받을 수 있고 또한 마땅히 받아야 합니다. 그것을 위해서는 우리의 마음이 하나님의 말씀을 판단하지 않도록 해야 합니다. 그럴 때 우리 마음은 이해하지 못해도 그 말씀을 알고 있는 우리의 영이 반응하게 됩니다. 그리고 하나님의 영과 하나 된 그 영이 우리 뇌와 마음을 새롭게 합니다.

> 13 너희가 육신대로 살면 반드시 죽을 것이로되 영으로써 몸의 행실을 죽이면 살리니 14 무릇 하나님의 영으로 인도함을 받는 사람은 곧 하나님의 아들이라 롬 8:13,14

어떻게 말씀이 우리 안에 거할 수 있는가?

우리는 마음에 가득한 것을 입으로 말하며 살게 됩니다. 그렇다면 우리 마음에 깃들어 있는 것은 무엇일까요? 그것은 우리가 태어나서부터 부모로부터 들은 말에 기초하여 자신과 세상을 경험한 것들일 것입니다. 그리고 마귀의 본성에 영향을 받아 형성된 욕심에 기초한 사고체계입니다. 우리는 지금도 세상으로부터 오감을 통해 들어온 정보를 자신의 경험과 사고체계에 기초하여 자신의 방식대로 반응하고, 그것을 입으로 말하며 살고 있습니다.

33 나무도 좋고 열매도 좋다 하든지 나무도 좋지 않고 열매도 좋지 않다 하든지 하라 그 열매로 나무를 아느니라 34 독사의 자식들아 너희는 악하니 어떻게 선한 말을 할 수 있느냐 이는 마음에 가득한 것을 입으로 말함이라 35 선한 사람은 그 쌓은 선에서 선한 것을 내고 악한 사람은 그 쌓은 악에서 악한 것을 내느니라 36 내가 너희에게 이르노니 사람이 무슨 무익한 말을 하든지 심판 날에 이에 대하여 심문을 받으리니 37 네 말로 의롭다 함을 받고 네 말로 정죄함을 받으리라 마 12:33-37

우리는 하나님의 자녀가 되어 우리의 영이 하나님의 영으로 인하여 거듭났는데도, 마음은 여전히 옛사람 때 만들어진 거짓자아로부터 벗어나지 못하고 있다는 사실을 알고 늘 깨어 있어야 합니다. 그럴 때 우리 영혼은 마음과 육신의 종노릇하지 않게 되고 그리스도 의식을 갖게 됩니다. 우리는 오직 진리의 영이신 성령님께서 말씀을 풀어주실 때만 마음을 새롭게 할 수 있습니다. 지금까지의 경험과 사고체계 대신에 우리가 성령의 조명하심 가운데 주의 말씀을 말씀대로 받아들이고("내가 믿습니다"라는 식으로 반응하지 않고) 그 말씀대로 이루어진 실상과 증거를 상상하고, 그것을 입술로 고백할 때 우리 마음이 새로운 경험들로 채워지기 시작합니다.

오늘날 과학자들은 "우리의 뇌와 잠재의식은 현실과 상상을 구분하지 않는다"는 것을 밝혀냈습니다. 이 사실은 이미 이천 년 전에 예수님께서 하신 말씀과 같습니다. "네 믿음이 너를 구원하였느니라", "네 믿은 대로 될지어다"라는 말과 동일한 말입니다. 우리가 주의 말씀대로 이루어진 것을 상상하고 느낄 때 그것은 상상이 아니라 경험한 것이 되어 우리의 뇌와 잠재의식에 기록됩니다.

> 믿음은 바라는 것들의 실상이요 보이지 않는 것들의 증거니 히 11:1

이것이 바로 하나님께서 우리에게 약속하셨던 새 언약의 성취, 다른 말로 하나님나라의 복음입니다. 다시 한번 새 언약을 생각해보십시오. ① 하나님의 영이 임하시고 ② 주의 법이 우리 마음에 기록되어 ③ 우리가 그 법을 이루는 하나님의 친 백성이 되는 것입니다(겔 11:19,20, 36:26,27). 예수님께서는 이 땅에 오셔서 하나님나라의 복음을 선포하시며, "네 믿은 대로 될지어다"라고 가르치시고 그 말씀대로 이루어지는 것을 보여주셨습니다. 그 말씀에 대한 내 생각과 감정이 내 영을 사로잡는 것이 아니라 영이요 생명이신 주의 말씀이 나(거짓자아)를 사로잡는 것입니다.

다시 말하지만 내 마음이 주의 말씀을 믿는다고 할 때 그 주체는 여전히 거짓자아입니다. 그럴 때 거짓자아는 믿으려 애쓰지만 반대로 동일한 의심을 동반하게 됩니다. 그러나 영이요 생명이신 주의 말씀이 내 마음을 사로잡을 때 나는 말씀이 되는 것입니다. 우리는 본래 말씀으로 이루어진 존재입니다. 하지만 타락 후 우리는 마귀의 말로 우리 자신을 변질시키고 왜곡시키고 물질화시켜버렸습니다. 이제 예수 그리스도로 말미암아 우리 영이 거듭난 것처럼 우리의 혼과 육도 말씀으로 거듭나야 합니다. 그렇게 될 때 우리가 말씀이 되는 것입니다.

주님께서 "너는 내 사랑하는 자녀야"라고 말씀하실 때, 당신은 "내가 하나님의 자녀인 것을 믿습니다"와 "나는 하나님의 자녀입니다" 둘 중에 어느 고백을 하시겠습니까?

1 우리가 말씀을 영으로 받지 못하는 이유는 무엇입니까?

2 말씀을 영으로 받기 위해서 특별한 훈련이 필요합니까?

3 왜 우리는 모든 것을 판단하는 것일까요?

4 지금 당신의 마음에 가득한 것은 무엇입니까?

5 말씀이 우리 안에 거하기 위해서 우리는 말씀을 들을 때
   어떻게 고백해야 합니까?

CHAPTER 09

주의 말씀대로
말해야 한다

지난 장에서는 주의 말씀이 우리 안에 거하는 것이 무엇인지에 대해서 알아보았습니다. 이번 장에서는 "무엇이든지 원하는 대로 구하라"에 대해서 살펴보겠습니다.

> … 무엇이든지 원하는 대로 구하라… 요 15:7

무엇이든지 원하는 대로 구하기만 하면 되는가?

많은 성도들은 "무엇이든지 원하는 대로"라는 말에 감사함을 느끼지만 동시에 의구심도 가집니다. 왜냐하면 우리의 욕심은 끝이 없고, 겉으로 모두 드러나지 않지만 우리 마음의 악함으로 인해 내 마음에서 원하는 모든 것이 이루어질 수도 없을 뿐 아니라 또한 그래서도 안 된다는 것을 알기 때문입니다. 이 말씀은 다른 곳에서도 찾아볼 수 있습니다(막 11:24). 이 말씀들을 우리 생각으로만, 그리고 그 구절만으로 판단하지 말고, 그 전제가 되는 앞 구절을 다시 읽어보십시오. 이 말씀의 뜻은 하나님의 생명 안에서 하나님의 자녀 된 자가 하나님의 뜻을 이루기 위하여 무엇이든지 원하는 대로 구할 수 있다는 말씀이지, 거짓자아가 자신의 마음과 육체의 정욕을 위해서 무엇이든지 구할 수 있다는 말씀이 아닙니다. 즉 '원하는 대로'라는 것은 아버지께서 우리에게 주신 '소원'에 해당됩니다. 이 소원은 우리의 두려움이나 불안감을 없애고, 결핍과 부족을 채우고, 욕구나 쾌락을 얻기 위해서 육신으로부터 나온 것이 아니라 하나님 아버지의 뜻을 이루기 위해서 영으로부터 나온 소원입니다.

> 너희 안에서 행하시는 이는 하나님이시니 자기의 기쁘신 뜻을 위하여 너희에게 소원을 두고 행하게 하시나니 빌 2:13

이제 "구하라"에 대해서 생각해보겠습니다. 우리가 누구에게 구합니까? 구한다는 것은 무엇을 의미합니까? 이것을 제대로 알기 위해서는 다음 구절을 읽어보십시오.

> 23 그 날에는 너희가 아무것도 내게 묻지 아니하리라 내가 진실로 진실로 너희에게 이르노니 너희가 무엇이든지 아버지께 구하는 것을 내 이름으로 주시리라 24 지금까지는 너희가 내 이름으로 아무것도 구하지 아니하였으나 구하라 그리하면 받으리니 너희 기쁨이 충만하리라 요 16:23,24

우리는 이 말씀을 통해서 구한다는 것은 예수 그리스도의 이름으로 아버지께 구해야 하는 것임을 알 수 있습니다. 구한다는 것은 우리의 입술로 주님께 구하는 것입니다. 어떻게 구해야 하는지 구체적으로 알기 위해서 앞 구절을 다시 읽어보십시오. "너희가 내 안에 거하고 내 말이 너희 안에 거하면"(요 15:7)의 뜻은 우리가 예수 그리스도 안에서 새로운 피조물, 즉 그리스도 의식을 가지고, 우리 마음에 기록된 주의 말씀에 따라 우리 입술로 구해야 한다는 것입니다. 예수 그리스도 안에서 예수 그리스도의 이름으로 주의 말씀대로 구하라는 것입니다. 현실의 차원이 아니라 영적 차원에서(그리스도 안에서 그리스도 의식으로) 영이요 생명이신 주의 말씀을 선포하라는 말입니다. 이것은 정신적인 차원에서 거짓자아가 주의 말씀에 대한 자기 생각을 선포하는 것과는 전혀 다른 것입니다. 할렐루야! 이 말씀을 제대로 깨닫는 것은 하나님나라 복음의 핵심을 꿰뚫는 것입니다. 타락한 우리는 의도적이든 그렇지 않든 일평생 자신의 마음에 가득한 것을 말하며 살아왔습니다.

> 독사의 자식들아 너희는 악하니 어떻게 선한 말을 할 수 있느냐 이는 마음에 가득한 것을 입으로 말함이라 마 12:34

그러면 구원받은 이후는 어떨까요? 우리가 매일 주의 말씀을 읽고 묵상하고 암송하지만 대부분의 경우 우리 머리에 기억하고, 어떤 상황이 닥쳤을 때 자동적으로 그 내용을 우리 마음에서 *끄집어내어* 그 말씀을 말하며 살게 됩니다. 그렇기 때문에 말씀의 능력이 나타나지 않는 것입니다. 자신은 옳게 반응하고 또는 거룩하게 산다고 생각하지만 말입니다. "하나님의 나라는 말에 있지 아니하고 오직 능력에 있음이라"(고전 4:20). 그리고 "경건의 모양은 있으나 경건의 능력은 부인하니 이같은 자들에게서 네가 돌아서라"(딤후 3:5)는 말씀이 바로 이 사실을 두고 한 말입니다.

예수님께서 우리에게 주신 말씀은 영이요 생명입니다. 따라서 말씀의 근원은 하나님의 영이 함께하시는 우리의 영이 되어야 합니다. 그런데 인간은 머리가 모든 진리(사실)의 기억장소라고 생각합니다. 왜냐하면 자신이 말씀을 뇌에 기억했다고 믿기 때문입니다. 하지만 결코 그렇지 않습니다. 우리의 머리는 단지 우리 사고체계에 기초하여 생각하고 느낀 모든 것을 서로 연결시키고 그것을 기억하는 장소일 뿐입니다. 그것이 참이든 거짓이든 상관없습니다. 실제로 거짓이라 할지라도 우리의 마음이 참이라고 하면 그것은 참으로 기억될 뿐입니다. 따라서 진리의 근원은 결코 뇌가 될 수 없습니다. 진리의 근원은 오직 구원받은 자의 하나님의 생명 안에 있는 우리의 '영'입니다. 영이요 생명이신 모든 말씀은 머리의 기억이 아니라 오직 영에서 풀어져야 합니다. 그리고 그 말씀이 우리 마음을 새롭게 해야 하며 그것이 우리 머리에 다시 기억되어야 합니다. 이렇게 되는 것이 바로 마음을 새롭게 하여 변화를 받는다는 뜻이며(롬 12:2), 성령님께서 우리의 마음을 새롭게 하신다는 뜻입니다.

22 너희는 유혹의 욕심을 따라 썩어져 가는 구습을 따르는 옛사람을 벗어 버리고 23 오직 너희의 심령이 새롭게 되어(Instead, let the Spirit renew your thoughts and attitudes, NLT) 24 하나님을 따라 의와 진리의 거룩

함으로 지으심을 받은 새사람을 입으라 엡 4:22-24

9 기록된 바 하나님이 자기를 사랑하는 자들을 위하여 예비하신 모든 것은 눈으로 보지 못하고 귀로 듣지 못하고 사람의 마음으로 생각하지도 못하였다 함과 같으니라 10 오직 하나님이 성령으로 이것을 우리에게 보이셨으니 성령은 모든 것 곧 하나님의 깊은 것까지도 통달하시느니라 고전 2:9,10

주의 말씀을 말씀대로 말하라

이제 "무엇이든지 원하는 대로 구하라"의 의미를 알게 되었습니다. 적어도 이제는 거짓자아가 원하는 대로 무엇이든지 구하는 것이 아니라는 사실을 분명히 알게 되었을 것입니다. 이제는 한 걸음 더 나아가 "거짓자아가, 예수 그리스도의 이름으로 자신의 머리에 기억된, 말씀에 대한 자기 생각에 기초하여 구하는 것도 아니다"라는 것까지 알아야 합니다.

이 말씀은 오직 거듭난 우리가 예수 그리스도 안에서, 예수 그리스도의 이름으로, 영으로부터 나온 주의 말씀을 말씀대로 선포할 때 그 입술의 말은 영이요 생명이 되며, 주의 뜻을 이루게 된다는 뜻입니다. 우리 머리의 생각을 말하는 것은 창조적 능력이 없지만, 예수 그리스도 안에서 주의 말씀을 그 말씀대로 말할 때 창조적 능력이 나타납니다. 이것이 바로 '왕의 기도'의 비밀입니다.

이제 우리는 새롭게 깨달아야 합니다. 무엇보다도 기록된 말씀 또는 사람이 전하는 말씀이 아니라 그리스도의 말씀을 들어야 한다는 것을 명심해야 합니다. 로마서 10장 17절 말씀을 새롭게 묵상해보십시오. 왜 사도 바울이 이 말씀을 기록했을까요? 그도 스데반이 전한 예수 그리스도의 복음을 들었음에도 불구하고 왜 믿음 대신 불신만 가득 차게 되었을까요? 주의 말씀을 영으로 듣지 않고, 자신의 생각으로 들었기 때문입니다. 사도 바울의 고백은 말씀이 아니라 그리스도의 말씀, 즉 지식으로써의 말씀이 아니라 영이요 생명이신 그리스도의 말씀(요 6:63)을 들을 때 믿음이 생긴다는 고백인 것입니다.

> 그러므로 믿음은 들음에서 나며 들음은 그리스도의 말씀으로 말미암았느니라 **롬 10:17**

> 살리는 것은 영이니 육은 무익하니라 내가 너희에게 이른 말은 영이요 생명이라 **요 6:63**

주의 말씀을 그렇게 영으로 들을 때 우리는 더 이상 현실이나 상황에 대해 생각하는 것을 말하거나 주의 말씀에 대한 나의 생각을 말하지 않고, 주의 말씀을 말씀 그대로 말하게 됩니다. 주님께서 우리의 말을 이루시는 분이 아니고, 우리가 주의 말씀을 이루는 사람이 되어야 합니다. 우리가 주의 말씀을 이루기 위해서는 주의 말씀에 대한 내 생각이 아니라 주의 마음에 따른 주의 말씀을 말할 줄 알아야 합니다. 그것이 바로 로마서 10장 10절이 의미하는 것입니다.

사람이 마음으로 믿어 의에 이르고 입으로 시인하여 구원에 이르느니라

롬 10:10

이 절에서 "시인하여"라는 말은 헬라어로 '호모'와 '로게오'의 합성어입니다. '호모'라는 말은 "동일한"이라는 뜻이고, '로게오'는 "말하다"라는 뜻입니다. 즉 "동일하게 말하다"라는 뜻입니다. 우리가 주의 말씀을 마음으로 믿었다면 그 말씀대로 말해야 합니다. 그런데 우리가 그 말씀을 영으로 듣지 않고 자신의 마음으로 듣기 때문에 그 말씀 그대로 말하지 못하고, 그 말씀에 대한 자신의 경험이나 지식에 기초한 판단이나 잠재의식에서 올라오는 느낌대로 말할 수밖에 없는 것입니다.

자신의 마음을 변화시키는 비밀은?

예를 들어 마가복음 11장 23절의 말씀을 생각할 때, 우리는 그 말씀이 자신이 알고 있는 지식과 다르며, 이 세상에서 경험한 것과 다르기 때문에 받아들일 수 없습니다. 그럴 때는 아무리 믿음이 있다고 하더라도 주의 말씀대로 말하기가 불가능합니다. 왜냐하면 자신의 판단으로 그것이 비합리적이고 비논리적이고 비이성적이라고 생각하기 때문입니다.

내가 진실로 너희에게 이르노니 누구든지 이 산더러 들리어 바다에 던져지

라 하며 그 말하는 것이 이루어질 줄 믿고 마음에 의심하지 아니하면 그대로 되리라 막 11:23

그러나 하나님의 자녀는 이 단계를 뛰어넘어야 합니다. 우리는 본래 하나님의 생명 안에서 하나님의 말씀을 말함으로 이 땅에 주의 뜻을 이루는 존재로 지음을 받았습니다. 우리가 타락한 후 우리는 마귀의 말을 말함으로써 하나님께 반역하는 삶을 살았고, 그 결과 마귀의 통치 아래 마귀의 일을 이룸으로써 환난, 고통, 질병, 깨어짐, 죽음 등을 경험하게 되었습니다. 타락한 후로는 하나님의 영으로부터 오는 말씀을 듣지 못하므로 마귀가 심어준 자신의 마음에 가득한 것을 말하는 존재로 변질되어버렸습니다. 우리 마음에 가득한 것을 말함으로 그 말하는 것을 창조하는 것이 '믿음의 법칙'입니다. 이 법칙은 하나님께서 창조하실 때 만드신 법으로, 누구에게나 영원히 적용되는 불변의 법칙입니다(갈 6:7).

이제 우리는 예수 그리스도를 믿음으로 영생을 얻게 되었습니다. 그 말은 새로운 영을 갖게 되었다는 뜻입니다. 따라서 이제는 우리의 영이 하나님의 말씀을 듣고, 그 말씀으로 우리의 마음과 육체를 새롭게 해야 합니다. 그래야만 우리의 영혼육 전부가 이 땅에서 온전한 하나님의 자녀의 삶을 살 수 있습니다. 우리는 하나님의 말씀에 동의하고 말하는 것을 배워야 합니다. 우리의 머리와 마음의 판단 없이 우리의 입술로 진리의 말씀에 동의할 때 비로소 하나님의 말씀으로 우리 마음이 새롭게 되어 변화됩니다.

주의 말씀을 말씀대로 자신의 입술로 말하고, 말한 것을 영으로 듣고, 들은 것을 마음과 머리에 기록하고, 다시 그것에 기초하여 말해보십시오. 이 과정을 통하여 우리 뇌의 뉴럴 네트워킹(neural networking)이 새롭게 되어 마음에 새로운 프로그램이 깔리게 됩니다. 이때부터 주의 선한 일을 행할 수 있는 선순환적 사고방식이 형성됩니다. 그렇게 하지 않으면 우리가 하나님의 자녀가 되었음에도 불구하고 하나님께 거역하는 삶을 살 수밖에 없습니다. 보이는 대로, 들리는 대로, 마음에 생각나는 대로 말하는 것이 바로 하나님을 거역하는 것임을 아는 사람은 그리 많지 않은 것 같습니다. 예를 들어 다음 말씀을 생각해봅시다.

> 친히 나무에 달려 그 몸으로 우리 죄를 담당하셨으니 이는 우리로 죄에 대하여 죽고 의에 대하여 살게 하려 하심이라 그가 채찍에 맞음으로 너희는 나음을 얻었나니 벧전 2:24

당신은 이 말씀을 듣고 어떻게 고백하십니까? "아멘, 예수님께서는 나의 질병을 치유하시기 위해서 채찍에 맞으셨기 때문에 나는 틀림없이 나을 것입니다"라고 고백한다면 당신은 지금 하나님의 자녀로서 하나님을 거역하는 것입니다. 왜냐하면 예수님께서는 이천 년 전에 이미 우리를 치유하셨는데, 당신은 지금 아직 치유되지 않았다는 자신의 판단과 느낌으로 장차 치유될 것이라고 말했기 때문입니다. 그러면 결국 주의 말씀이 능력이 되지 못하는 것입니다.

당신이 주의 말씀의 시제를 바꾼 것입니다. 믿으면 되는 것이 아니라 믿은 대로 된다는 예수님의 말씀을 다시 묵상해보십시오. 더 극단적인 예는, 자신도 의식하지 못한 상태로, 예수를 믿는데도 불구하고, 세상의 삶을 사랑하고 세상적으로 성공한 사람을 부러워하고 남들보다 더 잘되기를 원하고, 그것을 좇아가는 그리스도인들이 하는 '말'들일 것입니다.

> 너희가 말로 여호와를 괴롭게 하고도 이르기를 우리가 어떻게 여호와를 괴롭혀 드렸나이까 하는도다 이는 너희가 말하기를 모든 악을 행하는 자는 여호와의 눈에 좋게 보이며 그에게 기쁨이 된다 하며 또 말하기를 정의의 하나님이 어디 계시냐 함이니라 **말 2:17**

우리가 주의 말씀을 말씀대로 말하지 않고 어떻게 의롭다 함을 받을 수 있고, 주의 뜻을 이룰 수 있겠습니까?

> 두 사람이 뜻이 같지 않은데 어찌 동행하겠으며 **암 3:3**

우리가 예수 그리스도 안에 있을 때 우리의 영이 영이요 생명이신 말씀을 듣게 됩니다. 성령에 의한 주의 말씀을 말씀대로 말할 때 우리의 마음이 새롭게 됩니다. 우리가 주님의 말씀을 말할 때 그 말씀은 영이요 생명이 됩니다. 그럴 때 성령님께서 그 말씀을 우리 마음에 풀어주시고 기록해주십니다. 말씀이 우리 마음에 심어짐으로 우리 마음이 변화됩니다. 우리의 마음이 변할 때 우리 입술의 말이 변하게 됩니다.

이제 우리는 정말로 이 진리를 받아들여야 합니다. 하나님의 자녀인 우리가 예수 그리스도 안에서 예수 그리스도의 이름으로 주의 말씀을 말씀대로 말할 때 우리가 하는 말이 영이요 생명이 된다는 엄청난 비밀을 말입니다.

1 무엇이든지 원하는 대로 구하지 못하는 이유는 무엇입 니까?

2 진리가 기록된 장소는 어디입니까? 뇌입니까? 영입니 까?

3 말씀은 어떻게 우리 마음을 새롭게 하고 변화시킵니까?

4 자신의 말과 마음의 믿음을 일치시키는 가장 좋은 방법
   은 무엇입니까?

5 당신의 삶은 경험을 고백하는 삶입니까? 아니면 고백한
   것을 경험하는 삶입니까?

CHAPTER 10

하나님께서는
당신의 말씀대로 이루신다

이제 마지막으로 "그리하면 이루리라"의 뜻에 대해 살펴보겠습니다. 이 말씀을 좀 더 잘 이해하기 위해서 마태복음 6장 33절, 마가복음 11장 24절을 다시 읽어보십시오.

… 그리하면 이루리라 요 15:7

그런즉 너희는 먼저 그의 나라와 그의 의를 구하라 그리하면 이 모든 것을 너희에게 더하시리라 마 6:33

그러므로 내가 너희에게 말하노니 무엇이든지 기도하고 구하는 것은 받은 줄로 믿으라 그리하면 너희에게 그대로 되리라 막 11:24

"그리하면 이루리라"라는 말씀은 마음에 의심하지 않는 믿음을 가질 때 이루어질 수 있다는 뜻입니다. 먼저 하나님께서 주신 믿음의 법칙에 대해서 좀 더 구체적으로 알아보겠습니다.

믿음의 법칙을 이해하라

믿음의 법칙(수확의 법칙)은 만고불변의 진리입니다. 하나님께서 모든 인간을 통해 당신의 뜻을 이루시고자 만든 마음의 법칙입니다. 마음 안에서 일어나는 믿음의 법칙은 세 가지로 생각해볼 수 있습니다.

> 스스로 속이지 말라 하나님은 업신여김을 받지 아니하시나니 사람이 무엇으로 심든지 그대로 거두리라 갈 6:7

첫째, 심어야 거둘 수 있다는 법칙입니다. 아무리 기대하고 소망해도 이루어지지 않는 이유는, 우리의 표면의식으로 생각한 것은 경험된 (이미 이루어진) 것으로 마음 깊숙이(주로 잠재의식 내) 심기지(기록되지) 않기 때문입니다. 그래서 흔히 "간절히 소망하면 이루어진다"고 말하는 것은, 바로 간절히 원함으로써 마침내 그것이 이루어진(경험되어진) 것으로 믿게 된다는 것이며, 잠재의식 내에 기록되었다는 것을 뜻합니다.

이미 언급했듯이 오늘날 과학자들이 발견한 두 가지 놀라운 사실은 "뇌와 잠재의식은 현실과 상상을 구분하지 않는다"는 것과, 우리는 "우리가 믿은 대로 현실을 만들고, 그 만들어진 현실을 경험하며 산다"는 것입니다. 따라서 어떤 일이 정말 이루어질 것으로 믿을 때 그 믿은 대로의 현실을 경험하게 됩니다. 성경적으로 말하면, 믿으면 이루어지는 것이 아니라 이미 믿은 것이 이루어지는 것입니다. 안타깝게도 많은 사람들이 "될 줄로 믿습니다", "이루어주실 줄 믿습니다"라는 고백에서 벗어나지 못하고 있습니다. 예수님께서 공생애 사역 동안 "네 믿은 대로 될지어다"(마 8:13)라고 하신 말씀을 다시 한번 생각해보십시오.

예수께서 백부장에게 이르시되 가라 네 믿은 대로 될지어다 하시니 그 즉시 하인이 나으니라 마 8:13

둘째, 콩 심은 데 콩 나고, 팥 심은 데 팥 나는 법칙입니다. 콩을 심고 팥을 수확할 수는 없습니다. 심은 대로 거둘 뿐입니다. 그런데 자기가 생각(기대, 소망)하는 것과 자기가 심은 것이 동일하지 않을 수 있다는 것을 제대로 깨닫지 못하는 경우가 많습니다. 예를 들면, '나는 지금 빨간 사과를 생각하지 않을 거야!'라고 생각했다고 치면, 지금 당신의 마음에 무엇이 그려질까요? 당신의 생각과는 정반대로 빨간 사과를 그리게 될 것입니다. "주님! 저는 암으로 고통받고 있습니다. 이 암을 치유해주십시오"라고 말했다면 당신의 생각과는 달리 당신의 마음에 그리는 것이 무엇일까요? 바로 그 암입니다. 그렇게 되면 기대하고 소망한 대로가 아니라 심은 대로 거두게 된다는 것입니다.

또 한 가지 중요한 사실은 우리는 선한 것을 심고, 선한 결과만을 기대하지만 의식적이든 무의식적이든 우리가 심은 악한 것도 동일하게 거두게 된다는 것입니다. 우리는 축복을 받든지 또는 안 받아도 그만이라는 식으로 생각합니다. 그러나 우리는 축복 아니면 저주 가운데 있고 우리에게 중간지대는 없습니다. 그와 같이 우리는 우리가 무엇을 심든지 심은 대로 계속 거두게 됩니다. 우리가 믿음으로 취하고자 하는 것은 대부분 이전에 경험해보지 못한 것입니다. 그렇기 때문에 지금 믿음을 갖고자 하는 것보다 믿어지지 않는 것(의심이나 불신)이 훨씬 더 큰 믿음으로 작동하게 될 때가 많습니다. 이를테면 하루에 콩을 세 시간 심었는데 한순간 '설마 콩이 나겠어?'라고 생각하고 말한다면, 세 시간 심은 콩의 수확은 한순간에 사라지는 것입니다.

셋째, 심은 것에 대한 증수(增收)의 법칙입니다. 생명은 번식하게 됩니다. 따라서 한 알의 씨를 심으면 하나를 거두는 것이 아니라 풍성히 거두게 됩니다. 식물의 씨를 심고 그 열매의 수확을 생각해보면 쉽게 이해될 것입니다. 좋은 것은 하나를 심었는데 나쁜 것은 두 개를 심었다고 가정해봅시다. 결국에는 나쁜 것만을 수확하게 될 것입니다. 이 사실을 제대로 이해한다면, 하루에 몇 시간씩 어떤 기도를 했느냐보다 기도하지 않은 나머지 시간에 어떤 마음을 품고 있는지가 훨씬 더 중요하다는 것을 알게 되었을 것입니다. 기도는 하나님께 무엇을 얻어내기 위한 시간이 아닙니다. 왜냐하면 하나님께서는 이미 모든 것을 우리에게 주셨기 때문입니다. 기도는 기도하지 않는 시간에 우리의 마음을 새롭게 하기 위해서 필요합니다.

> 더러는 좋은 땅에 떨어지매 어떤 것은 백 배, 어떤 것은 육십 배, 어떤 것은 삼십 배의 결실을 하였느니라 마 13:8

우리는 늘 우리의 부족과 결핍에 대해서 기도합니다. 하지만 그런

기도가 내면의 의심과 불신을 갖게 하기도 합니다. 그러나 주님께서 이미 베풀어주신 은혜를 찾아내어 기록하고 감사할 때 우리는 점점 더 큰 은혜를 누리게 됩니다. 왜냐하면 우리가 심은 감사가 삼십 배, 육십 배, 백 배로 수확되기 때문입니다.

인간적인 믿음 vs 하나님 자녀의 믿음

사람들은 "믿음을 가져야 한다"라는 말을 해야 한다는 사실을 잘 알고 있습니다. 그래서 어려울 때마다 긍정적인 생각을 하고 정신력을 동원하여 미래에 대한 소망을 가지고 인내합니다. 그렇지만 얼마 안 되어 약한 의지력으로 인해 본래대로 되돌아가는 요요 현상을 경험하게 되고, 결국 현실의 변화도 없고 자신도 변화되지 못하는 상황을 맞닥뜨리게 됩니다. 더 안타까운 사실은 이런 일들이 몇 차례 반복되면서 부정적인 생각으로 절망하게 되어 "나 같은 인간은 해도 안 돼"라는 부정적인 맹세까지 하게 됩니다.

반면 뉴에이지에서는 하나님께서 창조하신 믿음의 법칙을 극대화시켜 활용하고 있습니다. 그들은 자신들이 원하는 것을 현실에서 얻어내기 위해 믿음의 법칙대로 잠재의식 내에 이미 이루어진 행복, 성공, 건강, 부요함 등을 계속적으로 주입시킵니다. 이러한 일들이 요요 현상 없이 이루어지도록 하기 위해서 그들은 명상이나 묵상이라는 수단을 통해 자신의 심신을 이완시킵니다. 세상에서 큰 반향을 일으키는 '시크릿'과 같은 종류의 책들이 모두 이에 속합니다. 그 방법은 효과가 있을까요, 없을까요? 분명히 있습니다. 왜냐하면 그들도 하나님께서 만드신 믿음의 법칙을 사용하고 있기 때문입니다. 그러나 거기에는 죄 사함과 영생도, 하나님과의 생명적인 관계나 사랑도 없습니다.

이렇듯 하나님의 영이 없는 불신자에게는 거짓자아로 어떤 사실을 받아들이고자 하는 '인간적인 믿음'만 있지만, 하나님의 생명으로 거듭난 자에게는 인간적인 믿음 외에도 예수 그리스도 안에 있는 믿음이 있습니다. 이 믿음은 새로운 피조물만이 가질 수 있는 믿음입니다. 예수님께서 우리 안에 하나님나라를 이루도록 하시기 위해 주신 믿음이 바로 이 믿음입니다.

예수 그리스도 안에 있는 믿음

예수님께서 몇몇 제자들과 높은 산에 올라가셔서 계시지 않는 동안 귀신들린 아들을 둔 아버지가 찾아와 치유해달라고 했지만 제자들은 아무 일도 할 수 없었습니다. 예수님께서 산에서 내려오셔서 그 귀신을 쫓아내신 후 제자들이 예수님께 자신들은 어째서 그 귀신을 쫓아내지 못했는지 물었습니다. 그럴 때 예수님께서는 "너희 믿음이 작은 까닭이니라"(마 17:20)라고 말씀하셨지만, 영어성경 킹제임스버전에는 "너희가 믿지 않기 때문이라고"(because of your unbelief) 말씀하셨습니다. 그리고 제자들에게 믿음이 겨자씨 한 알 만큼만 있어도 "이 산을 명하여 여기서 저기로 옮겨지라 하면 옮겨질 것이요 또 너희가 못할 것이 없으리라"라고 말씀하셨습니다. 누가복음에서도 마찬가지입니다(눅 17:5,6).

　제자들은 자신들이 더 큰 믿음을 갖기 원했지만, 예수님께서는 거짓자아가 갖는 믿음(믿기지 않는 것을 정신력을 동원하여 붙잡고자 하는)이 아닌, 앞으로 가질 예수 그리스도 안에 있는 믿음(그리스도 안에서 주의 말씀을 이루고자 하는 믿음)을 가질 때라야 그런 믿음을 가질 수 있다고 말씀하셨습니다. 예수님께서는 거짓자아의 믿음은 아무리 커도 그 믿음으로는 기적을 이룰 수 없지만 새로운 피조물로서 예수 그리스도 안에 있는 믿음을 가질 때 아주 작은 믿음이라도 기적을 이룰 수 있다고 말씀하신 것입니다.

　이 믿음이 곧 사도 베드로가 오순절을 통하여 성령충만을 받은 후에 비로소 가질 수 있었던 믿음이기도 합니다.

　그 이름을 믿으므로 그 이름이 너희가 보고 아는 이 사람을 성하게 하였나니 예수로 말미암아 난 믿음이 너희 모든 사람 앞에서 이같이 완전히 낫게 하였느니라 행 3:16

　이 말씀은 성경에 여러 번 나옵니다. 특별히 디모데후서 3장 15절에도 명확하게 말하고 있습니다.

　또 어려서부터 성경을 알았나니 성경은 능히 너로 하여금 그리스도 예수 안에 있는 믿음으로 말미암아 구원에 이르는 지혜가 있게 하느니라 딤후 3:15

하나님의 자녀인 우리 안에는 예수 그리스도 안에 있는 믿음이 있습니다. 문제는 우리 자신이 누구인지를 모르기 때문에 그 믿음을 사용하지 않고, 거짓자아의 믿음으로 최선을 다해 믿고자 애쓴다는 것입니다. 우리가 예수 그리스도 안에 있고, 영으로 주의 말씀을 듣고, 그 말씀을 이루고자 할 때는 예수 그리스도 안에 있는 믿음이 성령의 도우심으로 우리 마음에 작동됩니다. 말씀대로 이루어질 것을 믿는 것이 아니라 말씀대로 이루어진 것이 믿어지는 것입니다.

믿음은 바라는 것들의 실상이요 보이지 않는 것들의 증거니 히 11:1

예수 그리스도 안에 있는 믿음은 영적인 믿음으로, 성령의 능력으로 말미암아 주의 말씀대로 이루어진 것을 우리 마음에 심게 합니다. 하나님의 자녀는 정신적인 의지력으로 붙드는 믿음이 아닌 이 믿음이 우리 안에 있음을 알고 누려야 합니다.

하나님나라의 도래에 따른 차원적 역사를 이해하라

"그리하면 이루리라"의 '이루리라'에 대해서 알아봅시다. 주의 말씀이 이루어진다는 것은 보이지 않는 말씀이 보이는 실체로 나타난다는 것을 의미합니다. 그렇다면 보이지 않는 하나님의 말씀이 어떻게 눈에 보이는 세상에 실체로 나타날까요? 다른 말로, 영이요 생명이신 말씀은 예수 그리스도 안에 있는 믿음을 통하여 어떻게 현실에 나타나게 되는 것일까요?

너희가 내 안에 거하고 내 말이 너희 안에 거하면 무엇이든지 원하는 대로 구하라 그리하면 이루리라 요 15:7

"그리하면 이루리라"라는 말씀은, 하나님나라의 관점에서 볼 때 시간적 순서가 아니라 영적 세계에서 이루어진 것이 물리적 세계에 나타나는 차원적인 뜻을 지니고 있습니다. 타락한 인간은 자아 독립적 개체로서 자신을 규정하기 때문에 시공간과 육체에 제한된 사고방식에서 벗어나지 못합니다. 타락한 인간은 제한된 동일시와 심리적 시간과 상상을 통하여 거짓자아를 만들고, 세상을 보며, 다른 사람과 관계하며 살아가고 있습니다. 우리는 자신뿐만 아니라 서로를 자아 독립적 개체로 인식합니다.

거짓자아를 자기라고 느끼는 사람은 그 영혼이 그리스도 안에 있지 않고 마음과 육체에 종노릇하기 때문에 육체의 제한을 받을 수밖에 없습니다. 육체에 기초한 사고방식은 ① 자기 중심적 ② 자기 보호적 ③ 외부 통제적 ④ 이해 타산적 사고방식입니다. 그리고 동시에 시공간의 제한을 받게 됩니다. 그 사고방식 속에는 늘 생각의 인과와 논리, 시간의 순서와 간격, 공간의 좌표와 방향이라는 틀이 있고 그 틀에서 벗어나지 못합니다.

그렇기 때문에 모든 사고의 기초는 과거에 기초한 경험과 지식 그리고 미래에 대한 자기 방식의 추론입니다. 그리고 모든 일들은 일련의 과정을 통해서 일어난다고 생각합니다. 즉 어떤 일이 이루어지기 위해서는 반드시 시간이 있어야 하고, 어떤 노력이 들어가야 하고, 그 것에 따른 반응이 일어나야 이루어질 수 있다고 생각하는 것입니다. 이런 사고방식 때문에 차원을 달리한 하나님의 개입으로 인한(영적 세계에서 물리적 세계로) 기적을 믿지 못하는 것입니다.

그러나 "그리하면 이루리라"라는 말씀은 시공간을 초월한 영적 세계에 존재하는 말씀이 이 땅에 실체로 나타나는 것이며, 물리적 세계에 익숙한, 사건 발생을 일련의 과정으로 보는 사고방식으로는 이해할 수 없습니다. 그렇기 때문에 우리는 그것을 '기적'이라고 부릅니다.

주의 말씀을 말씀대로 말할 때 일어나는 일들

우리가 예수 그리스도 안에서 주의 말씀을 말씀대로 말할 때 두 가지 일이 일어나게 됩니다. 첫째는 그 말씀대로 우리의 마음이 새롭게 됩니다. 말씀대로 이루어진 실상과 증거가 우리 마음에 그려집니다. 그 것이 바로 예수 그리스도 안에 있는 믿음의 결과입니다. 그것이 예수님께서 말씀하신 마가복음 11장 23절의 말씀이기도 합니다.

23 내가 진실로 너희에게 이르노니 누구든지 이 산더러 들리어 바다에 던져지라 하며 그 말하는 것이 이루어질 줄 믿고 마음에 의심하지 아니하면 그 대로 되리라 24 그러므로 내가 너희에게 말하노니 무엇이든지 기도하고 구 하는 것은 받은 줄로 믿으라 그리하면 너희에게 그대로 되리라 막 11:23,24

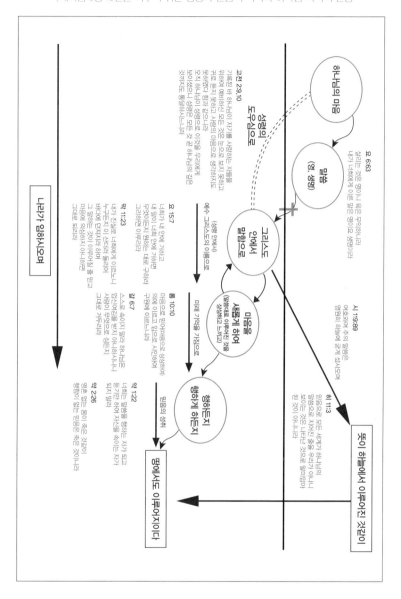

둘째는 하나님의 자녀가 예수 그리스도 안에서 하나님의 말씀을 말씀대로 말할 때 말씀이 영이요 생명이 되어, 하늘에 영원히 존재하는 약속의 말씀과 연결됩니다. 말한다는 것은 어떤 대상이 있다는 것을 의미합니다. 아무 뜻도 없이 아무 대상도 없이 말할 수는 없습니다. 그렇다면 우리는 주의 말씀을 어디에 말해야 합니까? 예를 들면 다리에 질병이 있어서 "예수 그리스도의 이름으로 다리의 질병이 사라질지어다"라고 말했다고 하면 우리가 다리에게 말한 것입니까? 다리가 우리 말을 들을 수 있을까요?

2 땅이 혼돈하고 공허하며 흑암이 깊음 위에 있고 하나님의 영은 수면 위에 운행하시니라 3 하나님이 이르시되 빛이 있으라 하시니 빛이 있었고
창 1:2,3

여호와여 주의 말씀은 영원히 하늘에 굳게 섰사오며 시 119:89

믿음으로 모든 세계가 하나님의 말씀으로 지어진 줄을 우리가 아나니 보이는 것은 나타난 것으로 말미암아 된 것이 아니니라 히 11:3

입술의 열매를 창조하는 자 여호와가 말하노라… 사 57:19

다시 한번 기억해보십시오. 하나님께서는 말씀을 말하심으로 모든 피조세계를 창조하셨습니다. 모든 피조세계는 지금 비록 타락하여

왜곡되고 변질되었지만 본래 하나님의 말씀에 의해서 지금도 존재하고 있습니다.

> 이는 하나님의 영광의 광채시요 그 본체의 형상이시라 그의 능력의 말씀으로 만물을 붙드시며 죄를 정결하게 하는 일을 하시고 높은 곳에 계신 지극히 크신 이의 우편에 앉으셨느니라 히 1:3

우리는 본래 하나님의 말씀을 말씀대로 말함으로써 이 땅을 다스리도록 지음 받은 존재입니다. 타락한 우리를 구원하시기 위해서 하나님께서는 예수님을 이 땅에 보내셨습니다. 말씀이 육신이 되어 인자로 오신 예수님께서도 하나님의 말씀을 말하심으로 주의 뜻을 이 땅에 이루셨습니다. 구원받아 예수 그리스도 안에 있는 하나님의 자녀인 우리는 다시 하나님의 말씀을 말함으로써 주의 뜻을 이루어야 합니다. 이것이 바로 예수님께서 가르쳐주신 기도입니다.

> 나라가 임하시오며 뜻이 하늘에서 이루어진 것같이 땅에서도 이루어지이다 마 6:10

따라서 하나님의 말씀으로 거듭난 자(벧전 1:23)는 보이는 세상이 아니라 보이지 않는 세상을 볼 줄 알아야 합니다. 예수님께서는 물과 성령으로 거듭난 자는 하나님나라를 볼 것이라고 말씀하셨습니다(요 3:3). 하나님나라는 어떤 곳입니까? 그곳은 바로 말씀으로 이루어진 영적 세계입니다.

> 우리가 주목하는 것은 보이는 것이 아니요 보이지 않는 것이니 보이는 것은
> 잠깐이요 보이지 않는 것은 영원함이라 고후 4:18

따라서 거듭난 자는 땅의 것이 아니라 위의 것을 생각하고, 위의 것을 찾아야 합니다.

> 1 그러므로 너희가 그리스도와 함께 다시 살리심을 받았으면 위의 것을 찾으라 거기는 그리스도께서 하나님 우편에 앉아 계시느니라 2 위의 것을 생각하고 땅의 것을 생각하지 말라 3 이는 너희가 죽었고 너희 생명이 그리스도와 함께 하나님 안에 감추어졌음이라 골 3:1-3

그렇다면 어떻게 눈에 보이지 않는 세상에 존재하는 하나님의 말씀이 활성화될 수 있을까요? 다시 그림(169p)을 참조하며 다음 글을 읽어보십시오. 그것은 바로 우리가 주의 말씀을 말함으로써 영원히 하늘에 존재하는 하나님의 말씀에 동의하는 것을 통해서입니다. 예수 그리스도 안에서 주의 말씀을 말씀대로 선포할 때 우리의 말은 더 이상 지식이나 정보가 아닌 영이요 생명이 된다는 사실을 꼭 기억하십시오.

우리가 예수 그리스도 안에서 예수 그리스도의 이름으로 주의 말씀을 말할 때 ① 우리의 말과 마음이 일치되어 의롭게 되고 ② 보이지 않

는 세계에서 영원히 존재하는 하나님의 말씀과 연결되어, 마침내 그 말씀이 성령에 의해 활성화되어 눈에 보이는 세상을 변화시키게 됩니다. 오직 땅에 있는 하나님의 자녀가 예수 그리스도 안에서(하나님의 생명 안에서) 하나님의 말씀에 동의할 때 비로소 하나님께서 성령을 통하여 그 말씀을 이루십니다. 왜냐하면 하나님께서는 이 땅을 다스리는 권세를 하나님의 자녀에게 주셨고, 그 자녀는 오직 하나님의 말씀으로만 이 땅을 다스릴 수 있기 때문입니다. 하나님의 자녀가 주의 말씀에 동의하지 않을 때(하나님의 말씀을 말씀대로 말하지 않을 때) 하나님의 역사는 일어날 수 없습니다.

하늘은 여호와의 하늘이라도 땅은 사람에게 주셨도다 시 115:16

감추어진 일은 우리 하나님 여호와께 속하였거니와 나타난 일은 영원히 우리와 우리 자손에게 속하였나니 이는 우리에게 이 율법의 모든 말씀을 행하게 하심이니라 신 29:29

1 거짓자아의 믿음은 어떤 믿음입니까?

2 기대와 소망이 이루어지지 않는 이유는 무엇입니까? (심
   어야 거두는 법칙)

3 우리가 믿는 것이 이루어지지 않는 이유는 무엇입니까?
   (심은 대로 거두는 법칙)

4 우리가 실제적인 믿음의 열매를 보기 위해서는 어떻게
   보내야 합니까? (증수의 법칙)

5 뉴에이지에서 행하는 일들도 효과가 있는 이유는 무엇
   입니까?

6 그리스도인들이 가지고 있는 두 가지 믿음은 무엇입니까?

7 예수 그리스도 안에서 영이요 생명이신 주의 말씀을 말씀대로 말할 때 일어나는 두 가지 일은 무엇입니까?

8 "나라가 임하시오며 뜻이 하늘에서 이루어진 것같이 땅에서도 이루어지이다"를 자신의 말로 설명해보십시오.

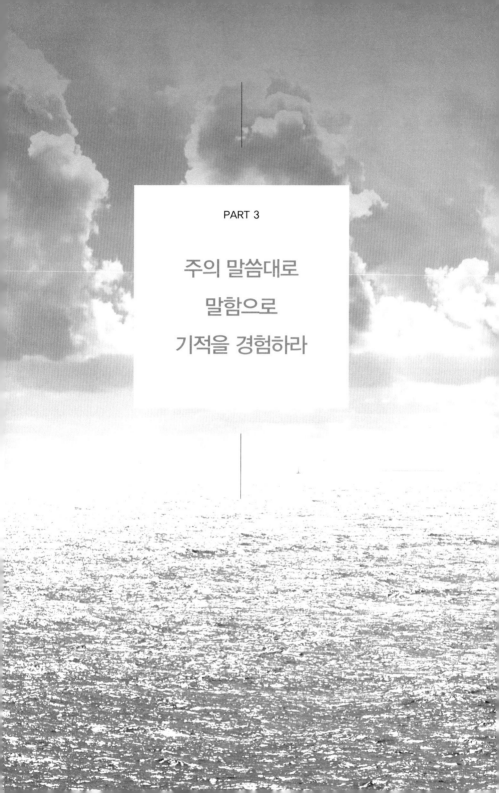

PART 3

주의 말씀대로
말함으로
기적을 경험하라

CHAPTER 11

먼저 그의 나라와
의를 구하라

'하나님의 나라와 의'의 비밀을 깨닫자

기적을 일으킬 수 있는 마지막 단계까지 왔습니다. 이제 앞서 살펴본 내용을 토대로 실제적으로 어떻게 훈련하고 적용해야 하는지 설명하고자 합니다. 하나님을 믿지 않는 사람들은 세상에서 부모나 다른 사람에게 배운 대로 생각하고 말하며 살고 있습니다. 예수 그리스도를 믿는 많은 성도들이 열심히 신앙생활 하고 말씀을 읽고 묵상하지만, 안타깝게도 막상 어떤 상황이 닥쳤을 때는 믿지 않는 불신자들과 동일하게 그 상황과 처지에 대한 자신의 생각을 말하며 살아갑니다. 기껏해야 자신의 머리에 기억된 주의 말씀을 가지고, "그렇지만 주님께서 저를 이 상황으로부터 벗어나게 해주실 것을 믿습니다"라는 정도로 말합니다. 이 책을 처음부터 정독한 그리스도인이라면 이 말이 왜 잘못되었는지 이제 알 것입니다.

많은 그리스도인들이 하나님을 믿고 하나님의 말씀을 인용하지만 그 말씀의 능력은 경험하지 못하고 있습니다. 왜냐하면 상황에 상관없이 하나님의 말씀을 말씀대로 말하지 않고, 하나님의 말씀을 상황에 따라 자신의 방식으로 말했고, 주의 말씀에 대한 자신의 믿음을 말했기 때문입니다. 주님의 기적은 상황이나 처지와 상관없이 그리스도 안에서 주의 말씀을 말씀대로 말할 때 그리고 상황이나 처지보다 말씀을 믿을 때 일어납니다. 할렐루야!

어떤 어려운 상황에 직면하고 있다고 가정해봅시다. 그 일이 내 능력으로 처리할 수 있는 일이라면 하나님께 의지할 것도 없을 것입니다. 그러나 우리의 삶 가운데 일어나는 수많은 일들은 실제 우리의 지혜나 능력으로 처리할 수 없는 것들이 너무 많습니다. 그렇다면 그런 일들을 어떻게 해결해 나가야 합니까? 예수님께서는 하나님나라의 복음을 말씀하시며 우리에게 놀라운 비밀을 알려주셨습니다. 마태복음 6장에 그 비밀이 있습니다.

> 26 공중의 새를 보라 심지도 않고 거두지도 않고 창고에 모아들이지도 아니하되 너희 하늘 아버지께서 기르시나니 너희는 이것들보다 귀하지 아니하냐 27 너희 중에 누가 염려함으로 그 키를 한 자라도 더할 수 있겠느냐 28 또 너희가 어찌 의복을 위하여 염려하느냐 들의 백합화가 어떻게 자라는가 생각하여 보라 수고도 아니하고 길쌈도 아니하느니라 29 그러나 내가 너희에게 말하노니 솔로몬의 모든 영광으로도 입은 것이 이 꽃 하나만 같지 못하였느니라 30 오늘 있다가 내일 아궁이에 던져지는 들풀도 하나님이 이렇게 입히시거든 하물며 너희일까보냐 믿음이 작은 자들아 31 그러므로 염려하여 이르기를 무엇을 먹을까 무엇을 마실까 무엇을 입을까 하지 말라 32 이는 다 이방인들이 구하는 것이라 너희 하늘 아버지께서 이 모든 것이 너희에게 있어야 할 줄을 아시느니라 33 그런즉 너희는 먼저 그의 나라와 그의 의를 구하라 그리하면 이 모든 것을 너희에게 더하시리라 마 6:26-33

하나님께서는 공중의 새, 들판에 핀 백합화 등 이 세상의 모든 피조물을 다스리시고, 보호하시고, 양육하십니다(26-29절). 이처럼 영혼이 없는 모든 피조물들도 주님께서 돌보시는데, 하나님의 형상으로 지음을 받고 하나님의 뜻을 이루도록 창조된 인간만이 유일하게 완전히 자신을 하나님께 맡기지 않습니다. 다른 어떤 피조물보다 더 귀한 존재임에도 불구하고, 인간은 자신의 마음에 하나님 두기 싫어하고 자기 방식대로 최선을 다해 살고자 노력합니다. 예수님께서는 그러한 모습을 안타까워하시며 그 마음을 나타내시기 위해 가장 하찮은 들풀과 하나님의 자녀를 비교해서 말씀하셨습니다(28-29절).

예수님께서는 인간이 자신의 현실과 처지에 묶이지 않고 자신을 온전히 맡기는 것이 바로 믿음이라고 말씀하셨습니다(30절). 먹고 사는 무엇에 대한 믿음이 아니라 그 무엇을 생각하는 우리 자신을 온전히 의탁하는 것이 진정한 믿음이라고 말씀하셨습니다. 왜냐하면 우리가 하나님으로부터 태어난 자녀이기에 아버지가 자녀를 돌보는 것은 너무나 당연한 일이기 때문입니다(30절). 그래서 먼저 자신이 누구인지 알라고 말씀하신 것입니다(30절). 뿐만 아니라 하나님 아버지께서는 이미 우리의 모든 필요를 알고 계신다고 말씀하셨습니다(32절).

우리는 하나님의 말씀으로 창조되었을 뿐만 아니라 하나님의 말씀을 말씀대로 말함으로써 이 땅에 주의 뜻을 이루어가는 하나님의 상속자였습니다(롬 8:17). 그러나 죄로 말미암아 하나님과 분리된 인간들은, 스스로 주인이 되어 해결하고자 하는 마음 때문에, 상황과 처지에 대한 염려를 하며 보이는 대로, 느끼는 대로 말하며 살고 있다고 말씀하십니다(31절). 다시 한번 "그러므로 염려하여 이르기를" 이 구절을 생각해보십시오. 주님께서 두 번째로 강조하여 말씀하신 부분이 바로 이 부분입니다. 다른 사람으로부터 들은 말로, 또한 자신의 생각으로 가득 찬 마음의 것들에 기초해서 말하지 말라는 뜻입니다.

마침내 예수님께서는 "그런즉 너희는 먼저 그의 나라와 그의 의를 구하라 그리하면 이 모든 것을 너희에게 더하시리라"(33절)라는 하나님 나라의 비밀을 알려주셨습니다. 이 말씀은 하나님의 자녀들이 이 땅에 도래한 하나님나라에서 어떻게 사는지를 알려주는 핵심 구절입니다. 이 메시지의 핵심은 '그런즉 너희는 먼저' 안에 숨어 있습니다. 이 말씀은 우리 앞에 닥친 문제들을 해결하기 위해서 주님께 간구하거나 주의 말씀을 이용하지 말라는 뜻입니다. 그렇게 하면 결국 앞서 언급한 바와 같이 거짓자아(스스로를 자아 독립적 개체로 보는 의식)가 염려한 마음으로 지금의 현실과 상황과 처지에 대해서 자신이 생각하고 느끼는 대로 말하게 되고, 결국은 하나님의 말씀이 아닌 자신의 말대로 현실을 창조하고 그 현실을 경험하게 되기 때문입니다. 주님께서 말씀하신 '그의 나라'는 하나님의 통치를 나타내는 것으로 그분의 생명 안에서 인도함을 받는 것을 의미하며, '그의 의'는 성령님을 통하여 그분의 뜻(말씀)에 우리 마음을 일치시키는 것을 의미합니다. 결국, 하나님의 생명이 우리 영 안에 거하심으로 인하여 하나님의 법이 우리의 생각을 통치하게 되는 것입니다.

예수님께서 우리에게 늘 믿음을 강조하셨습니다. "네 믿음이 너를 구원하였느니라"라는 말씀은 우리 마음에 심은 것을 거두게 된다는 뜻입니다. 주님 앞에 오기 전에는 정과 욕심 그리고 자신의 생각들로 가득 차 있던 사람들에게 예수님께서는 "내가 그리스도인 것을 믿느냐", "하나님의 아들인 것을 믿느냐", "내가 이 일을 행할 줄 믿느냐"라는 질문에 답하기를 원하셨습니다. 그리고 그들이 그 질문에 대해 그 당시 세상의 초등학문, 종교 지도자들의 가르침, 자신의 생각들을 뛰어넘어 "예"라고 답할 때 기적을 베푸셨습니다. 그것은 자신을 주님께 맡기고, 하나님의 말씀이 자신을 통치하도록 하는 것과 같은 것입니다. 주님께서는 자신 앞으로 온 자들에게 '먼저 그의 나라와 의를 구하도록' 하셨습니다.

그리스도 안에서 새로운 의식을 가져라

어떤 문제(환난, 고통, 질병 등)가 있다고 생각해봅시다. 문제에 부딪칠 때 염려하고, 걱정하고, 불안해하고, 그 문제를 당장 해결하고자 하는 초조감을 느끼는 주체는 누구입니까? 바로 거짓자아입니다. 우리의 거짓자아는 어떻게든 그 문제를 해결하기 위해서 숙고하고, 다양한 방법들을 시도하고자 애를 쓰게 됩니다. 그러나 애를 쓰면 쓸수록 점점 더 염려, 걱정, 두려움, 불안 등에 사로잡히게 됩니다.

예수님의 가르침은 무엇인가요? 우리에게 "직접 그 문제를 풀어라", "열심히 주님께 간구하라", "약속의 말씀대로 이루실 것을 끝까지 붙들라"고 말씀하셨나요? 예수님께서는 놀랍게도 현실의 문제에 관심을 두지 말고, "너희는 먼저 그의 나라와 그의 의를 구하라"고 가르치셨습니다. 그 말씀은 엄연히 존재하는 문제를 부정하라는 뜻일까요? 아니면 그 문제에 대한 내 마음의 고통이 없다고 최면을 걸라는 것입니까? 아닙니다. 문제를 도외시하거나 마음의 생각을 부정하라는 것이 아니라, 그 문제에 대해 염려하고 자기 방식으로 해결하고자 애쓰는 거짓자아의 묶임에서 벗어나라는 뜻입니다.

우리는 하나님의 기적을 경험하도록 하기 위해서 마가복음 11장 23,24절의 말씀을 언급합니다. 그러나 이 구절을 제대로 깨닫기 위해서는, 예수님께서 공생애 동안에 전하신 모든 말씀이 앞으로 이루어질 하나님나라와 그 복음을 어떻게 누리느냐에 대해서 말씀하신 것이라는 사실을 알아야 합니다. 따라서 하나님나라의 복음의 비밀을 알지 못하고 단지 말씀만 적용하는 것은 마치 전화기의 수신기에 대고 말하는 것과 같습니다.

> 22 예수께서 그들에게 대답하여 이르시되 하나님을 믿으라 23 내가 진실로 너희에게 이르노니 누구든지 이 산더러 들리어 바다에 던져지라 하며 그 말하는 것이 이루어질 줄 믿고 마음에 의심하지 아니하면 그대로 되리라 24 그러므로 내가 너희에게 말하노니 무엇이든지 기도하고 구하는 것은 받은 줄로 믿으라 그리하면 너희에게 그대로 되리라 막 11:22-24

이 말씀은 하나님나라가 도래한 것을 전제로 한 가르침입니다. 우리가 이 말씀처럼(23,24절) 기도할 수 있는 것은 우리가 과거와는 다른 믿음을 가지고 있기 때문입니다. 하나님의 생명이 없을 때 우리에게는 우리 자신의 소원을 이루기 위한 믿음이 전부였습니다. 그러나 예수 그리스도 안에서 새로운 피조물이 되었을 때는 하나님의 뜻을 이루기 위한 믿음을 더 가지게 됩니다. 22절 말씀에 나오는 '믿음'은 우리의 믿음이 아니라 하나님 안에 있는 믿음, 곧 하나님의 뜻을 이루기 위한 믿음입니다. '하나님 안에 있는 믿음'(faith of God, faith in God)은 바로 예수 그리스도 안에 있는 믿음입니다. 많은 사람들은 이 말씀이 믿음의 기도에 관한 내용이라고 생각하지만, 사실 이 말씀은 믿음의 토대 위에서 우리의 입술로 말하는 것에 대해 가르쳐주신 내용입니다.

23절에서 "내가 진실로 너희에게 이르노니 누구든지 이 산더러 들리어 바다에 던져지라 하며"라고 말씀하셨습니다. 이 말은 특별한 사람이나 종교적인 일을 행하는 사람뿐만 아니라 누구든지 불가능한 일을 말하면 이루어지게 된다는 뜻입니다. 그렇지만 우리의 경험상 이 말대로 수없이 해보아도 아무 일도 일어나지 않았다는 것을 잘 알고 있습니다. 왜 그렇습니까? 첫째로 기도하는 자가 먼저 예수 그리스도 안에 있는 믿음으로 말하지 않기 때문입니다. 요한복음 15장 7절의 "너희가 내 안에 거하고 내 말이 너희 안에 거하면"을 생각해보십시오. 그냥 말한다고 되는 것이 아니라 예수 그리스도 안에 있는 믿음으로 예수님께서 말씀하시는 것처럼(하나님 안에 있는 믿음으로 하나님께서 말씀하시는 것처럼) 말해야 하는 것입니다.

만일 누가 말하려면 하나님의 말씀을 하는 것같이 하고 누가 봉사하려면 하나님이 공급하시는 힘으로 하는 것같이 하라 이는 범사에 예수 그리스도로 말미암아 하나님이 영광을 받으시게 하려 함이니 그에게 영광과 권능이 세세에 무궁하도록 있느니라 아멘 **벧전 4:11**

즉, 우리말이 이루어지는 것이 아니라 예수님의 말씀이 이루어진다는 뜻입니다. 23,24절을 다시 한번 봅시다. 우리가 예수 그리스도 안에서 하나님 안에 있는 믿음을 가질 때 비로소 우리는 눈앞에 보이는 것들(고난, 질병, 가난, 묶임 등)에 묶이지 않고 주의 말씀을 말할 수 있게 됩니다. 다시 한번 말씀드리지만 현실이 없다고 부정하라는 말이 아닙니다. 그 현실을 생각하는 거짓자아에서 벗어나 먼저 그의 나라와 의를 구함으로써 내가 예수 그리스도 안에 있는 새로운 피조물이라는 사실을 의식하고, 그분의 말씀을 말하라는 것입니다(23절). 거짓자아가 나라고 생각할 때는 언제나 현실에 묶이기 때문에 염려하고 의심할 수밖에 없습니다. 따라서 이 말씀의 핵심은 거짓자아가 주체가 되어 자신의 생각을 말하는 것이 아니라 예수 그리스도 안에서 주의 말씀대로 말하는 것입니다. 그리고 우리의 입술로 말한 것을 이루시는 분은 하나님이시기 때문에, 말한 것은 이미 이루어진 것으로 믿어야 합니다(24절). 할렐루야!

무엇이든지 구하는 바를 그에게서 받나니 이는 우리가 그의 계명을 지키고 그 앞에서 기뻐하시는 것을 행함이라 **요일 3:22**

1 그의 나라와 의를 구하는 것과 믿음은 어떤 관계입니까?

2 마태복음 6장 26-33절에서 그의 나라와 의를 구하기 위
   해서 예수님께서 가장 강조하신 두 가지는 무엇입니까?

3 문제를 해결하기 위해서 문제로부터 벗어나야 한다는
   말은 무슨 뜻입니까?

4 불가능한 일을 말하고 행할 수 있는 유일한 길은 무엇입
   니까?

CHAPTER 12

새로운 차원의
믿음을 가져라

백부장과 예수님의 대화는 우리의 인식체계를 바꾸고 믿음을 새롭게 하는 데 큰 영향을 주는 말씀입니다(마 8:7-13). 백부장이 자신의 하인을 치유하기 위해 예수님께 부탁을 드렸을 때 예수님께서는 기꺼이 그 집에 가서 치유해주겠다고 하셨습니다. 백부장은 예수님께 자신의 집에 들어오는 것을 감당치 못하니, 단지 말씀만 하시면 자신의 하인이 나을 것이라고 말했습니다.

"네 믿은 대로 될지어다"라는 말씀의 참뜻

백부장이 고백한 말과 믿음에 대해 예수님께서 "네 믿은 대로 될지어다"라고 하신 말씀은, 예수님께서 우리에게 가르쳐주신 마가복음 11장의 실제 예이기도 합니다. 지금부터 "네 믿은 대로 될지어다"의 참뜻을 알아보도록 하겠습니다.

> 22 예수께서 그들에게 대답하여 이르시되 하나님을 믿으라 … 24 그러므로 내가 너희에게 말하노니 무엇이든지 기도하고 구하는 것은 받은 줄로 믿으라 그리하면 너희에게 그대로 되리라 막 11:22,24

첫째, 예수님께서 가서 고쳐주겠다고 말씀하셨을 때 백부장은 믿음의 역사가 시공간을 초월한다는 것을 알고 있었습니다. 그래서 굳이 오셔서 기도하실 필요가 없다고 주님께 말씀드린 것입니다. 더 놀라운 사실은 백부장이 주님께서 말씀하시면 말하는 대로 이루어진다는 것을 알고 있었다는 것입니다. 자신에게도 종이 있어 그 종에게 말만 하면 이루어지는 것처럼 예수님께서 말씀하시면 그 말씀하시는 대로 이루어진다는 것을 알고 있었습니다. 이 믿음은 예수님께서 해주실 것을 믿는 자신의 믿음이 아니라 예수님께서 그의 일을 행하시는 것에 대한 믿음입니다. 이것이 바로 백부장이 마가복음 11장 22절에 있는 '하나님의 믿음'을 가졌다는 증거입니다.

둘째, 예수님께 "네 믿은 대로 될지어다"라고 말씀하셨을 때 백부장이 보여준 믿음은 어떤 믿음입니까? 그는 단지 "주여 내 집에 들어오심을 나는 감당하지 못하겠사오니 다만 말씀으로만 하옵소서 그러면 내 하인이 낫겠사옵나이다"라고 말했을 뿐입니다. 그렇다면 예수님께서는 왜 '믿은 대로'라고 말씀하셨을까요? 결국 진정한 믿음은 마음에 가득한 것을 말하는 것이기 때문입니다. 백부장은 예수님께서 말씀하시면 자신이 구하는 것을 이미 얻은 줄로 믿었기 때문에 그렇게 말한 것입니다.

"네 믿은 대로"라고 하신 예수님의 말씀은 곧 우리가 "말하고 믿은 것" 또는 "믿은 것을 말한 것"을 의미하며, 그럴 때 그대로 이루어진다는 의미입니다. 우리는 믿음에 대해서 생각하거나 말할 때 으레 마음만을 생각하는데 실제로 믿음에는 마음과 입술의 말이 함께하고 있습니다. 말씀에 따라 의도된 목적을 가진 생각과 그에 따른 감정은 영원히 굳게 서 계시는 주의 말씀에 동의하는 것이고, 그것을 우리의 입술로 말할 때 비로소 하나님의 역사가 시작되고, 우리가 행동하는 믿음을 보여줄 때 비로소 그 말씀이 이 땅에서 성취됩니다.

셋째, "네 믿은 대로 될지어다"의 말씀이 내게 체험되기 위해서는 역사의 진보와 과학의 발전을 통해서 모든 인간에게 자연스럽게 스며든 인식체계를 새롭게 조명해볼 필요가 있습니다. 이 말씀 속에 들어 있는 가장 놀라운 비밀은 보이지 않는 인간의 마음의 믿음(의지, 생각, 감정 그리고 말)이 보이는 물질세계에 영향을 미친다는 것입니다. 이것은 과거 데카르트 - 뉴턴식 인식체계[5]에 사로잡힌 우리의 생각으로는 도저히 받아들일 수 없는 것입니다. 우리는 늘 눈에 보이지 않는 정신과 눈에 보이는 물질이 별개라는 인식을 가지고 있었습니다. 심리학과 정신의학의 발달로 그런 생각에서 벗어난 사람이라 할지라도 많은 경우 정신이 물질에 영향을 미치기보다는 반대로 물질이 정신에 영향을 미친다고 생각합니다. 대부분의 사람들은 자신의 믿음뿐만 아니라 자신의 삶이 환경에 제한받는 것을 지극히 당연하게 받아들입니다. 실제로 우리의 거짓자아도 그렇게 만들어진 것이고, 우리는 늘 "…때문에 내가 … 되었다"라는 식의 사고방식을 갖게 됩니다.

그러나 주님의 말씀이 우리에게 가르쳐주는 것은 정반대입니다. 주

---

5 우주를 물질과 정신으로 나누고, 정신은 물질세계에 아무런 영향을 미치지 못하며, 물질은 각각 독립적인 실재라고 봄. 따라서 모든 사건은 인과적 과정을 통해서 일어나며, 일정한 법칙에 의해서 상호 관계하고 있다고 보는 인식체계

님께서는 우리가 환경에 영향받는 존재가 아니라 반대로 우리의 믿음(의지, 생각, 감정 그리고 말)으로 환경을 변화시킬 수 있는 존재라고 말씀하십니다. 타락한 인간의 말에는 능력이 없지만 주님의 말씀은 영이요 생명이며, 창조의 능력을 가지고 있습니다. 지금 우리가 예수 그리스도 안에 있고, 우리가 믿은 대로 말한다면 그때는 우리의 말도 창조의 능력을 지닌 영이요 생명이 된다는 사실을 알아야 합니다.

오늘날 과학자들은 모든 피조세계의 근원이 궁극적으로 시공간을 초월한 에너지의 확률 파동이며, 그것이 어떻게 중첩되느냐에 따라서 시공간이 제한된 물리세계에 물질로 나타난다는 것을 밝혀냈습니다. 그것을 양자물리학이라고 부릅니다. 모든 물질의 근원이 되는 소립자 세계에서는 보이지 않는 확률 파동이 보이는 물질로 나타나는 데 있어 인간의 의식이 결정적 영향을 끼친다는 것입니다. 그것을 관찰자 효과라고 부릅니다. 현대과학의 발전을 통해 물질과 정신이 별개의 것이 아니라 동전의 양면과 같이 하나라는 사실이 밝혀졌을 뿐만 아니라 나아가 우리에게 영향을 끼치는 보이는 세계(상황과 환경)는 실제로 우리의 의식에 따라 변화된다는 것이 밝혀졌습니다. 이러한 사실은 이미 무수한 사례를 가지고 있는 플라시보 효과(위약 효과)를 통해서도 잘 알려져 있습니다. 이천 년 전 예수님께서 "네 믿은 대로 될지어다"라고 하신 그 말씀의 비밀을 현대과학이 이제야 밝혀낸 것입니다. 과학은 하나님께서 창조하신 만물에 나타나 있는 그분의 신성과 능력을 밝혀냄으로 하나님을 영화롭게 하는 수단입니다.

성경을 다시 생각해보십시오. 예수님께서 행하셨던 모든 일들은,

단지 말씀하실 때 이루어졌습니다. 즉 영이요 생명이신 주의 말씀이 선포될 때 그에 따른 실체가 물리세계에 나타난 것입니다. 너무나 놀랍지 않습니까? 주님께서 행하셨던 모든 일들은 하나님께서 천지만물을 창조하실 때 행하셨던 것과 동일합니다. 그리고 더 놀라운 사실은 우리도 그러한 일들을 할 수 있다고 말씀하셨다는 것입니다. 이 말씀은 무슨 뜻입니까?

> 내가 진실로 진실로 너희에게 이르노니 나를 믿는 자는 내가 하는 일을 그도 할 것이요 또한 그보다 큰 일도 하리니 이는 내가 아버지께로 감이라
> 요 14:12

예수님께서 우리의 죄를 사하시고 하늘로 올리우신 다음에 약속하신 보혜사 성령님을 우리에게 보내주셨을 때 우리는 예수 그리스도 안에 있는 하나님의 자녀로서 하나님께서 처음 우리를 창조하신 목적대로 살 수 있게 되었습니다. 그것은 바로 하나님의 말씀을 말씀대로 말함으로써 이 땅에 주의 뜻을 이루는 것입니다. 할렐루야! 이제는 "내가 말한다고 무슨 일이 일어나겠어?"에서 "내 말이 씨가 된다"라는 믿음으로 변화되시기를 기도합니다.

넷째, "네 믿은 대로 될지어다"라는 말씀은 물리세계에서는 너무나 당연한 인과의 법칙을 뒤집는 말씀입니다. 시공간과 자신의 육체에 제한된 인간은 자신과 관련된 모든 사건이 일련의 과정을 통해서 이루어진다는 것을 진리처럼 받아들입니다. 어떤 일이 생긴다는 것은 어

떤 공간에서 시간이 흐르는 동안에 노력이나 에너지가 투자되어야 하며, 그 결과로 반응이 일어나야 된다는 식의 사고방식입니다. 이것은 이미 과학적 관찰에 의해서 증명된 사실입니다. 이것을 다른 말로 원인에 따른 결과의 도출, 즉 '인과의 법칙'이라고 부릅니다. 물리세계에 사는 우리는 모든 일들을 이런 방식으로 생각합니다. 어떤 경우에도 이유나 조건 없이 결과가 나타날 수 없습니다.

예를 들어봅시다. "…해서 감사하다", "… 때문에 행복하다", "…때문에 불행하다", "…하면 너무 좋겠다" 등은 너무나 당연한 말입니다. 우리는 늘 자신이 경험한 것을 자신의 방식대로 규정하거나 고백하는 삶을 삽니다. 경험하지 못한 것을 생각하거나 말하지 못합니다. 물론 미래에 대해서 말할 수도 있지만 그 역시 엄연히 과거의 경험과 지식에 기초한 예측일 뿐입니다. 질병을 가진 사람을 생각해보십시오. 자신이 경험한 것을 있는 그대로 말하고, 지금 얼마나 고통스러운지를 표현합니다. 그렇게 하지 못하도록 하면 이상하게 생각합니다. 자신은 원인에 따른 결과를 말하는 것일 뿐이기 때문입니다. 하나님께 구하라고 말하면 "주님이 치유해주셨다"가 아니라 "치유해주실 것을 믿는다"고 말합니다. 그렇게 말하는 것이 너무나 당연한 일입니다. 보통의 사람들은 어떤 원인이 없이는 그에 따른 결과를 인식할 수 없기 때문입니다. 그래서 사람들은 "낫지도 않았는데 어떻게 나았다고 말할 수 있는가?" 즉, "경험하지도 않았는데 어떻게 고백할 수 있는가?"라고 이야기합니다.

그러나 이 땅에 도래한 하나님나라에서는 그 인과의 법칙이 적용되지 않는다는 것을 알아야 합니다. 왜냐하면 하나님나라는 영적 세계이며 시공간을 초월하고 우리의 육체를 벗어난 상태이기 때문입니다. 가장 쉬운 표현으로 말하자면 하나님나라(영적 세계)에서는 모든 피조물의 근원인 말씀이 시공간을 초월하여 영원한 현존으로 존재합니다. 이것은 물리세계에서 사는 우리의 사고방식으로 볼 때 "모든 곳에 있으며 동시에 아무곳에도 없다", 그리고 "모든 것이며 동시에 아무것도 아니다"라고 표현될 수 있습니다. 이 땅에서 물질로서는 아무곳에도 없고 아무것도 아니지만 하늘에서는 말씀으로 모든 곳에 계시며 모든 것이기 때문입니다. 우리가 주의 말씀대로 말함으로 하늘에 있는 무한한 가능성으로 존재하는 말씀에 연결될 때 비로소 이 땅에 그 말씀의 실체가 나타나게 됩니다. 이것이 바로 하나님나라의 힘과 원리이며, "뜻이 하늘에서 이루어진 것같이 땅에서도 이루어지이다"(마 6:10)라는 말씀의 뜻입니다.

주의 말씀대로 이루어진 것을 경험하게 하시는 하나님

우리는 누구입니까? 우리는 그리스도 안에 있는 새로운 피조물이며, 거듭난 영적 존재입니다. 우리는 지금 하나님나라 안에 살고 있으며, 이 땅에 주의 말씀을 말씀대로 말함으로써 주의 뜻을 이루는 자들입니다. 우리가 하나님의 자녀라면 예수 그리스도 안에서 하나님의 의(고후 5:21)로 나았다고 믿음으로 말했을 때(결과) 그 믿은 대로 당신의 질병이 치유된다는(원인) 것을 아시겠습니까? "네 믿은 대로 될지어다"라는 뜻은, 이 세상에서 통용되는, 원인에서 결과를 이루는 사고방식(외부의 무엇인가가 일어나야 내면의 변화가 이루어진다는 사고방식)에서, 하나님나라에서만 통용되는, 결과를 통해서 원인을 이루는 사고방식(외부의 어떤 결과를 이루기 위해서 먼저 내면의 변화가 있어야 한다는 사고방식)으로 변화시키라는 뜻입니다.

결과적으로 "네 믿은 대로 될지어다"는 이 땅에서 시간의 경과에 따른 인과의 법칙에서 벗어나 결과가 선포될 때 원인이 미래에 나타나는 것을 말합니다. "하나님이 이르시되 빛이 있으라 하시니 빛이 있었고"(창 1:3) 이 말씀이 너무나 경이롭지 않습니까? 차원적으로 하늘에서 말씀하시매(결과를 선포하실 때) 이 땅에서 이루어지게 됩니다(원인이 나타남). 우리가 기도했다면 왜 주님께 다 맡기고 감사해야 하는지를 아시겠습니까? 이미 이루신 것을 감사할 때(결과), 그 일이 이루어지게 됩니다(원인).

또 여호와를 기뻐하라 그가 네 마음의 소원을 네게 이루어 주시리로다
시 37:4

그러므로 너희가 이제 여러 가지 시험으로 말미암아 잠깐 근심하게 되지 않을 수 없으나 오히려 크게 기뻐하는도다 벧전 1:6

하나님께서 친히 그러셨듯이 하나님은 자녀인 우리가 말씀대로 말하는 것을 이루어주기를 원하십니다. 그런데 안타깝게도 우리는 우

리가 만든 시간적 논리에 사로잡혀 단지 세상에서 경험한 것을 자기 방식대로 규정하고 고백하며 삽니다. 그러나 하나님께서는 자기를 부인하고 자기 십자가를 진 하나님의 자녀에게 말씀대로 고백한 것을 경험하게 하십니다. 지금 문제가 있습니까? 상황과 그에 따른 당신 자신의 생각에 사로잡히지 말고 지금 이 순간 여기에서 주의 말씀대로 이루어진 것을 선포하십시오. 그것은 서술적 언어가 아니라 선언적 언어입니다. 경험될 것을 말하는 것이 아니라 경험될 것을 경험한 것으로 말하는 것입니다. 그리고 기대하며 바라보십시오. "그리하면 그대로 되리라."

1 자신의 믿음과 예수 그리스도 안에 있는 믿음의 차이는
  무엇입니까?

2 우리가 간과하는 믿음에 포함되지 않는 중요한 요소는
  무엇입니까?

3 데카르트-뉴턴식·인식체계를 뛰어넘는 믿음이란 무엇
  을 의미합니까?

4 인과의 법칙을 뛰어넘어 하나님나라에서 통용되는 언어
  는 어떻게 말하는 것입니까?

CHAPTER 13

말씀대로 말하는 것을
훈련하라

마음을 새롭게 하고 주의 말씀대로 말하라

우리는 "믿음으로 기도했는데 여전히 변화가 없습니다"라는 말을 자주 듣습니다. 이 문제는 비단 질병뿐만 아니라 모든 일에서도 마찬가지입니다. 그런 경우 흔히 듣는 말은 "현실이 그렇더라도 계속 믿음을 가져야 합니다"라는 말입니다. 이 말이 도대체 무슨 뜻일까요? 지금 아프고 고통스러운 것을 아프지 않다고 부정하라는 것인가요? 아니면 자신에게 최면을 걸어 그런 일이 없는 것처럼 하라는 것인가요? 결국 우리가 할 수 있는 최선은 "지금은 이렇지만 그럼에도 불구하고 주님께서 반드시 해결해주실 줄 믿습니다"라고 고백하는 것입니다. 많이 듣던 말이자 많이 해보았던 말 아닌가요?

이제 이런 잘못된 믿음에서 벗어나시기 바랍니다. 다시 한번 요한복음 15장 7절을 생각해보십시오.

> 너희가 내 안에 거하고 내 말이 너희 안에 거하면 무엇이든지 원하는 대로 구하라 그리하면 이루리라 요 15:7

이 말씀과 더불어 마태복음 6장의 말씀을 통하여 믿음의 법칙은 지금 현실에서 일어난 문제들을 부정하라는 것이 아님을 알아야 합니다. 지금 현실의 문제를 생각하고 느끼는 주체는 누구입니까? 바로 우리 마음의 생각과 감정을 나라고 믿는 거짓자아입니다. 그런데 많은 경우 우리는 거짓자아가 지금 있는 현실을 부정하는 것이 믿음이라고 생각합니다. 내가 아프지만 "이렇게 생각하면 안 돼! 말씀에 따라서 다르게 생각해야 돼!"라고 하면서 그것이 우리가 붙들어야 할 믿음이라고 생각합니다. 그것은 믿음이 아니라 당신이 자신의 현실을 부정하는 정신력이고, 그렇게 하는 주체 역시 여전히 거짓자아일 뿐입니다.

그렇다면 하나님의 자녀인 우리는 어떻게 해야 합니까? 이 말씀은 먼저 거짓자아가 생각하고 느끼는 것을 부정하라는 것이 아니라 그 거짓자아가 진정한 내가 아니라는 것을 깨달으라는 뜻입니다. 이것은 참으로 중요한 일인데도 불구하고 많은 그리스도인들이 이 부분을 제대로 깨닫지 못하고 있습니다. 우리가 그렇게 하지 못하는 이유는 ① 자신의 문제는 선이든 악이든 스스로 해결해야 한다는 거짓자아의 교만 ② 거짓자아의 죽음에 대한 두려움 ③ 십자가의 은혜를 실제 체험이 아닌 개념으로만 이해하고 있기 때문입니다. 말씀에 순종한다고 하지만 사실 자기 방식대로 최선을 다하고자 하는 그 주체가 내가 아니라는 사실을 아는 것, 그것이 바로 복음의 핵심입니다. 성령님을 통하여 그 진리가 주어질 때 우리는 자유함을 얻고 예수 그리스도 안에 거할 수 있습니다. 왜냐하면 우리는 우리의 노력이나 고행을 통해서 그리스도 안에 있는 새로운 피조물이 된 것이 아니라 오직 주의 은혜로 그리스도 안에 있고, 새로운 자아를 가진 새로운 피조물이 되었기 때문입니다. 예수 그리스도 안에 거하는 것이 바로 우리가 먼저 그의 나라를 구하는 것입니다.

그리스도 안에서 영이요 생명이신 말씀이 당신의 마음을 새롭게 하도록 하십시오. 당신의 오감으로 받아들여 당신의 뇌 속에 기억된 것과 마음이 반응하는 것은 단지 지식에 지나지 않습니다. 우리가 해야 할 일은 예수 그리스도 안에서 주의 말씀을 말씀대로 말함으로 우리 마음(의도, 생각, 감정)을 새롭게 하는 것입니다. 거짓자아는 태생적으로 자신이 경험한 것에 기초하여 현실의 상황에 마음과 말로써 동의하지만, 그리스도 안에 있는 나는 현실에 구애받지 않고 그 현실에 대한 보이지 않는 하나님의 말씀에 동의해야 합니다. 모든 피조세계의 이면(보이지 않는 영적 차원의 세계)에는 그것을 물리세계에 나타낸 영이요 생명이신 말씀이 영원히 존재한다는 사실을 명심하십시오.

질병의 예를 들어봅시다. 모든 질병은 궁극적으로 죄와 마귀로부터 빚어진 것입니다. 예수님께서 이천 년 전에 십자가를 지시고 채찍에 맞으심으로 다음의 주의 말씀은 영원히 영적 세계에 존재하게 되었습니다.

친히 나무에 달려 그 몸으로 우리 죄를 담당하셨으니 이는 우리로 죄에 대하여 죽고 의에 대하여 살게 하려 하심이라 그가 채찍에 맞음으로 너희는 나음을 얻었나니 벧전 2:24

이는 선지자 이사야를 통하여 하신 말씀에 우리의 연약한 것을 친히 담당하시고 병을 짊어지셨도다 함을 이루려 하심이더라 마 8:17

우리가 질병에 대해서 기도할 때 거짓자아가 주체가 되어 그 질병을 고쳐달라고 주님께 기도하는 것이 아니라, 예수 그리스도 안에서 그 질병에 대해서 하나님께서 이루신 약속의 말씀을 말함으로써(물론 그 말씀으로 우리의 생각과 감정도 변화시켜야 함) 영의 세계에 있는 주의 말씀에 동의해야 합니다. 그 결과 말씀이 하나님의 성전인 우리 몸을 새롭게 합니다. "주님의 말씀대로 내가 깨끗하게 되었습니다"라고 고백해야 합니다. 지금 당신의 몸이나 생각이 나았다 혹은 낫지 않았다고 말하는 것이 아닙니다. 하나님께서 당신의 몸과 생각이 치유되었다고 말씀하시는 것입니다. 주의 말씀을 동일하게 말함으로 그 말씀에 동의해야 합니다. 안타깝게도 우리는 그동안 우리의 감각과 그에 따른 생각이 말하는 것에 동의하고 그것대로 말해왔습니다. 그 결과 우리는 우리의 말대로 수확하는 삶을 살아왔습니다.

네 입의 말로 네가 얽혔으며 네 입의 말로 인하여 잡히게 되었느니라 잠 6:2

네 말로 의롭다 함을 받고 네 말로 정죄함을 받으리라 마 12:37

어떻게 훈련해야 하는가?

결론적으로 그리스도의 말씀을 듣기 위해서는 ① 말씀이 하나님이시라는 사실을 알아야 합니다. ② 예수님께서 하신 말씀은 영이요 생명이기 때문에 우리의 마음으로 받아들이는 것이 아니라 영으로 받아들여야 합니다. ③ 생명의 말씀을 영으로 받아들이기 위해서는 우리가 예수 그리스도 안에 있다는 사실을 받아들여야 합니다. ④ 우리는 주의 말씀을 우리의 생각으로 판단하거나 의심하지 말아야 합니다. ⑤ 우리 영 안에 있는 말씀을 말씀대로 말함으로써 우리의 마음을 새롭게 해야 합니다. ⑥ 그럴 때 우리 마음 안에 새로운 믿음이 생겨납니다. 그리스도 안에 있는 영적 믿음(막 11:22 ; 딤후 3:15)이 우리 마음에 부어진 것입니다. 이제는 거짓자아가 믿기지 않는 사실을 믿기 위해 정신력을 사용하여 그 말씀을 붙들려고 애쓰는 삶을 더 이상 살지 말아야 합니다.

그리스도인들이 하나님나라의 비밀을 알았다면 이제 실제 삶에서 어떻게 그의 나라와 의를 구할 수 있을까요? 현실에 대한 우리의 생각과 감정은 매순간 변화하지만 말씀은 불변의 진리이고 모든 피조세계의 근원입니다. 우리는 현실을 고백하는 자가 아니라 그리스도 안에서 아버지의 말씀을 말씀대로 말함으로써 주의 뜻을 이 땅에 드러내는 일에 참여하는 자입니다.

만약 말씀대로 말함에도 불구하고 아무것도 이루어지지 않는다면 그 이유는 그 고백한 말씀과 마음의 믿음이 동일하지 않기 때문입니다. 그럴 경우 아무리 선포해도 아무것도 얻지 못할 것입니다. 왜냐하면 마음에 가득한 것을 입으로 말하는 것이 아니라 단지 말씀을 앵무새처럼 따라하는 것이기 때문입니다. 우리의 입술과 우리의 마음이 일치되어야 합니다. 마음에 가득한 것을 입으로 말할 때 선이든 악이든 능력이 나타납니다. 따라서 말씀대로 말한 능력이 나타나기 위해서는 먼저 성령님에 의해서 하나님의 말씀이 우리 마음에 믿어져야 합니다. 그럴 때 그 믿음은 거짓자아의 정신력이 아닌 예수 그리스도 안에 있는 영적 능력이 됩니다.

> 8 그러면 무엇을 말하느냐 말씀이 네게 가까워 네 입에 있으며 네 마음에 있다 하였으니 곧 우리가 전파하는 믿음의 말씀이라 9 네가 만일 네 입으로 예수를 주로 시인하며 또 하나님께서 그를 죽은 자 가운데서 살리신 것을 네 마음에 믿으면 구원을 받으리라 10 사람이 마음으로 믿어 의에 이르고 입으로 시인하여 구원에 이르느니라 롬 10:8-10

말씀이 내 마음에 있고 내 입술에 있어야 합니다. 내(거짓자아)가 말씀을 받아들이는 것이 아니라 성령의 계시로 인하여 그 말씀이 마음에 부어져야 합니다. 그럴 때 말씀이 마음으로 믿어져 의에 이르고, 그 말씀 그대로 입으로 시인할 수 있게 됩니다.

어떻게 믿음의 고백이 이루어집니까? 그것은 믿음으로 한 번 선포한다고 해서 되는 일이 아닙니다. 평상시 하나님나라의 삶의 방식을 훈련해야 합니다.

(1) 항상 "지금 이 시간 여기에서" 시작하라

우리는 늘 거짓자아가 자신이라고 생각하여, 자신의 마음에서 벗어나지 못합니다. 말씀을 볼 때나 찬양할 때도 마찬가지입니다. 자기의식으로 말씀을 읽고 찬양을 하기 때문에 주님께 마음을 드릴 수가 없습니다. 다른 생각이나 느낌이 들 때 그렇게 하지 않으려고 하면 할수록 그 마음에서 더 헤어나지 못하는 자신을 발견하게 됩니다. 거짓자아는 자신의 과거의 경험과 지식에 기초하여 자신이 예측한 미래 그리고 마음의 신념체계로 만들어진 허상입니다. 따라서 그 거짓자아에서 벗어나 그리스도 안에 거하기 위한 가장 좋은 방법은 지금, 이 순간, 여기에 집중하는 것이며, 그것이 내 생각과 행위의 최종 목적이 되도록 해야 합니다.

이것은 마치 누군가가 큰 빌딩 사이에 줄을 매고 그 위를 걸어가는 것과 같습니다. 그 사람은 이미 지나온 곳(과거)을 생각하거나 앞으로 갈 곳(미래)을 생각하지 않고, 단지 한 걸음 한 걸음이 전부가 되도록 할 것입니다. 이와 같이 우리도 오직 '지금 이 순간 여기에서' 주님과 교제할 때 비로소 거짓자아에서 벗어나게 되고, 그때 성령님께서 우리를 이끌어 가시게 됩니다. 우리의 노력으로 결코 그리스도 안에 들어갈 수 없다는 것을 알아야 합니다. 이것이 바로 자기를 부인하고 자기 십자가를 지는 훈련이기도 합니다(마 16:24). 기억하십시오. 자신의 마음 밖으로 나오지 않으면 결코 예수 그리스도 안으로 들어갈 수 없습니다. 그리고 예수 그리스도 안으로 들어가는 것은 내가 아니라 성령님이 이끌어 가시는 것입니다.

주의 성령에 이끌림을 받을 때 비로소 영원히 현존하시는 주님의 생명에 '지금 이 순간 여기에서' 우리 마음과 육신이 사로잡히게 되는 것이며, 그 순간이 바로 우리 안에 하나님나라가 이루어지는 순간입니다. 그럴 때 우리는 이미 지나간 과거와 아직 오지 않은 미래로 만들어진 거짓자아의 생각과 느낌이 아니라 예수 그리스도 안에서 의와 평강과 희락 가운데(롬 14:17) 그리스도 의식을 가지고 '지금 이 순간 여기에' 주를 나타내는 삶을(주의 말씀을 이루는 삶을) 살 수 있게 됩니다.

16 내가 세상에 속하지 아니함 같이 그들도 세상에 속하지 아니하였사옵나이다 17 그들을 진리로 거룩하게 하옵소서 아버지의 말씀은 진리니이다 18 아버지께서 나를 세상에 보내신 것같이 나도 그들을 세상에 보내었고 요 17:16-18

… 이는 너희를 어두운 데서 불러내어 그의 기이한 빛에 들어가게 하신 이의 아름다운 덕을 선포하게 하려 하심이라 벧전 2:9

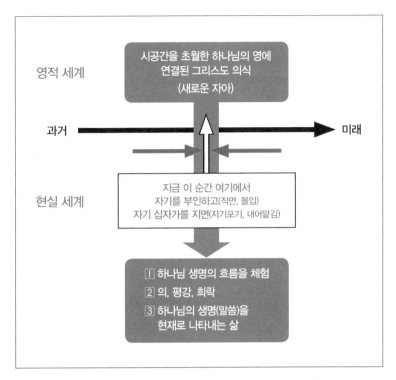

영적 세계

시공간을 초월한 하나님의 영에
연결된 그리스도 의식
(새로운 자아)

과거　　　　　　　　　　　　　　　미래

현실 세계

지금 이 순간 여기에서
자기를 부인하고(직면, 몰입)
자기 십자가를 지면(자기포기, 내어맡김)

①하나님 생명의 흐름을 체험
②의, 평강, 희락
③하나님의 생명(말씀)을
　현재로 나타내는 삶

거짓자아에서 벗어나 그리스도 안에 거하기와 그리스도 안에서 새로운 육체 경험하기

　　하나님의 통치 안으로 들어가는 또 다른 훈련은 환경과 대상을 머리로 생각하고 마음으로 판단하는 대신에 영혼으로 의식하고 가슴으로 느껴보는 것입니다. 머리로 생각한다는 것은 그 실제를 경험하는 것이 아니라 개념으로 인식하는 것이며, 마음으로 판단한다는 것은 자기 중심적 사고방식일 뿐입니다. 모두가 거짓자아가 하는 일입니다. 이제부터 할 새로운 훈련은 마음으로부터 벗어난 내 영혼이 그리스도 안에서 그 환경과 대상을 물질로 보는 것이 아니라 그것들을 이

루는 본질, 근원(보이지 않는 말씀)을 보는 것입니다. 그리고 그 존재를 머리가 아닌 가슴으로 느껴보는 것입니다(하나님께서 베푸신 능력과 신성으로 느껴본다고 말할 수 있을 것입니다).

믿음으로 모든 세계가 하나님의 말씀으로 지어진 줄을 우리가 아나니 보이는 것은 나타난 것으로 말미암아 된 것이 아니니라 **히 11:3**

창세로부터 그의 보이지 아니하는 것들 곧 그의 영원하신 능력과 신성이 그가 만드신 만물에 분명히 보여 알려졌나니 그러므로 그들이 핑계하지 못할지니라 **롬 1:20**

예를 들어 앞서 언급한 양자물리학에 따르면 소립자는 99.9999… 퍼센트가 보이지 않는 에너지 확률 파동으로 존재[6]하며, 우리의 마음으로 그 소립자를 인식할 때 비로소 그 파동은 입자로 나타난다고 합니다. 따라서 우리가 오감을 통해서 인식하는 것이 아니라 우리의 영혼이 그리스도 안에서 모든 피조세계를 물리적 존재로 인식하는 대신에 영이요 생명이신 말씀으로 느껴보는 것입니다.

---

6 과거 원자를 표시할 때 처음에는 핵 주위에 전자 궤도를 그렸고, 그 후에는 구름의 밀도로 표시한 것을 생각해보면 쉽게 이해될 수 있다. 그러나 확률 파동은 실제로 물질로 존재하지 않는 것을 나타내는 방법

(2) 영으로 임한 말씀을 말씀대로 입으로 선포하라

이 말은 주의 말씀을 판단하지 말라는 것입니다. 나의 경험이나, 지금의 상황이나, 앞으로 예측되는 일을 생각하지 말고, 우리 마음에 부어지는 말씀을 말씀 그대로 우리 입술로 선포해야 합니다. 그리고 자신이 말한 주의 말씀을 영으로 듣고 다시 자신의 마음에 기록하는 훈련을 해야 합니다. 예수 그리스도 안에서 주의 말씀을 말씀대로 고백할때 그 말씀은 영이요 생명이 되며, 영이요 생명인 그 말씀을 들을 때귀로 듣는 것이 아니라 내 영으로 들으며, 영이요 생명이신 그 말씀을마음에 심을 때 내가 심는 것이 아니라 성령님께서 내 마음에 심으신다는 것을 믿어야 합니다.

저는 그 일을 하기 위해서 제가 조제한 신약(new medicine)을 매일수시로 먹고 있습니다. 이 말씀들이 자신의 뇌와 잠재의식에 기록되어있을 때 다른 모든 경험적 세상적 생각들을 새롭게 할 수 있었습니다.이것은 마치 컴퓨터나 핸드폰의 OS(operating system)와 같습니다.

이 율법책을 네 입에서 떠나지 말게 하며 주야로 그것을 묵상하여 그 안에기록된 대로 다 지켜 행하라 그리하면 네 길이 평탄하게 될 것이며 네가 형통하리라 수 1:8

하나님의 형상을 회복하기 위한 신약 7가지

① 나는 예수 그리스도 안에서 지금 여기에 있는 하나님의 생명을 누립니다.

② 나는 예수 그리스도 안에서 태생적인 아버지의 사랑을 누립니다.

③ 나는 예수 그리스도 안에서 항상 기뻐하고 범사에 감사합니다.

④ 나는 예수 그리스도 안에서 말할 수 없는 은혜와 긍휼을 누립니다.

⑤ 나는 예수 그리스도 안에서 말씀대로 말함으로 주의 뜻을 이룹니다.

⑥ 나는 예수 그리스도 안에서 언제나 강건함과 자유를 누립니다.

⑦ 나는 예수 그리스도 안에서 차고 넘치는 부요와 형통을 누립니다.

(3) 성령 안에서 들은 말씀대로 이루어진 것을 계속 상상해보고 느끼는 훈련을 하라

이때 중요한 것은 거짓자아 안에서가 아니라 '지금 이 순간 여기에서' 상상하고 느끼는 훈련을 해야 한다는 것입니다. 이미 언급한 바와 같이 거짓자아에서 벗어나 그리스도의 생명 안에 들어가기 위해서는 지금 이 순간 여기에 초점을 맞추어야 합니다. 그럴 때 머리가 아니라 가슴이 뜨거워지고 주님께서 우리 마음에 진리의 말씀을 기록해주신 것을 느끼게 됩니다.

믿음은 바라는 것들의 실상이요 보이지 않는 것들의 증거니 히 11:1

그들이 서로 말하되 길에서 우리에게 말씀하시고 우리에게 성경을 풀어주실 때에 우리 속에서 마음이 뜨겁지 아니하더냐 하고 눅 24:32

생각한다는 것은 어떤 의도적인 목적을 가지고 상상하는 것입니다. 그 상상은 우리의 경험과 현실에서 출발한 것이 아니라 하나님의 말씀으로부터 출발한 것이어야 합니다. 따라서 그것은 세상의 관점에서 볼 때 시간의 축 상에서 일어나는 인과의 법칙에서 벗어난 것입니다. 다시 한번 생각해보십시오. "하나님이 이르시되 빛이 있으라 하시니 빛이 있었고"(창 1:3)라는 것은 이미 경험한 것을 선포한 것이 아니라 한 번도 경험되어지지 않은 것을 말씀하심으로 그것이 이 땅에 실체로 나타나 경험된 것입니다.

하나님의 자녀인 우리도 마찬가지입니다. 우리의 경험에 기초하여 이루어질 것을 상상하는 것이 아니라 온전하신 하나님의 말씀대로 하늘에서 이루어진 것을 상상하는 것입니다. 이것은 시공간이 제한된 세상에서 이유와 조건에 따른 어떤 결과가 시간의 경과 가운데 이루어지는 것이 아니라, 시공간을 초월한 곳에서 결과를 선포할 때 이유와 조건(원인)이 미래에 펼쳐지는 것을 말합니다. 그것이 바로 우리 안에 하나님나라가 이루어질 때 뜻이 하늘에서 이루어진 것같이 땅에서도 이루어진다는 뜻입니다.

그 상상이 완전하게 된 것을 어떻게 알 수 있습니까? 어떤 의도를 가지고 한 상상이 '지금 이 순간 여기에서' 이루어졌다는 감정이 온몸에 느껴져야 합니다. 상상에 감정이 느껴진다는 것은 체험되어졌다는 것을 말하는 것으로, 실제로는 경험하지 못했지만 뇌와 잠재의식은 이미 그 일이 이루어진 것으로 받아들인 것입니다. 모든 피조세계의 이면에 있는 하나님의 말씀에 우리가 동의하기 위해서는 우리의 의도, 생각, 감정 그리고 입술의 말이 일치되어야 합니다. 그것이 보이지 않는 주의 말씀이 이 땅에 실체로 나타나게 하는 비밀입니다.

(4) 내 마음과 입술이 주님의 말씀에 동의했다면, 크고 놀라운 일을 행하실 주님께 온전히 맡겨 드리고 감사하고 찬양하라

앞서 말한 마태복음 6장 33절의 "…그리하면 이 모든 것을 너희에게 더하시리라"의 말씀과 마태복음 6장 10절의 "…뜻이 하늘에서 이루어진 것같이 땅에서도 이루어지이다"에 해당됩니다. 우리의 영혼육이 하나님의 말씀에 온전히 하나 되었다면 우리의 할 일은 끝났으며, 이제부터 주님께서 행하실 차례입니다. 만약 주님께서 행하실 것을 믿지 못하고 우리 방식대로 이렇게 되었으면 좋겠다는 식으로 생각한다면 오히려 하나님께서 행하시는 것을 방해하는 것이나 마찬가지입니다. 왜냐하면 그러한 생각은 일종의 예측이며, 우리가 예측한다는 것은 우리 과거의 경험과 지식에 토대를 두고 있기 때문입니다. 하나님께서 행하시는 일을 인간의 경험과 지식에 기초한 생각으로 제한하지 말아야 합니다. 그런 마음은 결코 하늘에서 이루어진 하나님의 말씀과 동일할 수 없기 때문에 하나님의 역사를 방해할 뿐입니다. 모든 것을 주님께 맡겼다면 우리가 기대하는 방식이 아니라 주님께서 우리가 생각할 수 없는 방법으로 행하셨음을 믿어야 합니다.

> 이는 내 생각이 너희의 생각과 다르며 내 길은 너희의 길과 다름이니라 여호와의 말씀이니라 **사 55:8**

주의 말씀을 실제적으로 어떻게 말해야 하는가?

주님의 말씀은 우리의 현실을 변화시키기 위해서 필요한 것이 아닙니다. 주님의 말씀은 우리가 보고 생각하고 느끼는 현실과 하나님께서 보시고 생각하시는 것이 얼마나 차이가 있는지를 알려줍니다. 따라서 주의 말씀은 우리 마음을 새롭게 하기 위해서 주신 것입니다. 우리의 마음을 새롭게 한다는 것은 이미 우리 마음에 가득한 경험과 지식 그리고 그에 따른 사고체계 대신에 진리의 말씀으로 이루어진 하나님 나라의 프로그램을 새롭게 깐다는 뜻입니다. 그 결과 믿은 대로 이루어지는 새로운 세상(이 땅에 도래한 하나님나라)을 살 수 있게 됩니다. 다시 한번 다음의 말씀을 묵상하시고 당신의 입술을 통하여 큰소리로 말씀대로 말해보십시오.

그가 그의 말씀을 보내어 그들을 고치시고 위험한 지경에서 건지시는도다 시 107:20

하나님의 말씀은 살아 있고 활력이 있어 좌우에 날선 어떤 검보다도 예리하여 혼과 영과 및 관절과 골수를 찔러 쪼개기까지 하며 또 마음의 생각과 뜻을 판단하나니 히 4:12

대저 하나님의 모든 말씀은 능하지 못하심이 없느니라 눅 1:37

이제 구체적으로 어떻게 주의 말씀을 말씀대로 말하는지 알아봅시다.

① 내 입술로 나오는 주의 말씀이 영이요 생명이 되도록 하기 위해서는 주의 말씀을 우리의 거짓자아로 판단하지 말고 그 말씀대로 말해야 합니다. 이때 가장 중요한 것은 말씀을 말하는 주체가 거짓자아인 내가 아니라 예수 그리스도 안에 새로운 피조물(영적 존재)인 내가 되어야 한다는 것입니다. 우리는 예수 그리스도 안에서 주의 말씀을 말씀대로 이루는 자임을 명심해야 합니다.

② 주의 모든 말씀은 시공간을 초월하여 영원히 현존하는 말씀입니다. 따라서 우리는 거짓자아로 말씀에 대한 내 생각과 판단을 개입시키지 말고 예수 그리스도 안에서 주의 뜻을 이루기 위해서 말씀 그대로 말할 줄 알아야 합니다. 예를 들면 "…할 것을 믿습니다" 또는 "…될 것입니다"라고 말하는 대신에 "주님께서 …하셨습니다" 또는 "나는 …되었습니다"라고 말해야 합니다.

③ 다시 한번 "믿은 대로 될지어다"를 생각해보십시오. 그 말씀은 그리스도 안에 있는 새로운 피조물인 우리가 우리 마음에 이미 심은 것을 심은 대로 거두게 된다는 뜻입니다. 보이지 않는 마음에 심었는데 그 결과로 현실에 그 말씀의 실체가 나타나는 것입니다. "만약 믿으면"이라고 미래적으로 말한다면 "언젠가 될 것이라"밖에 되지 않습니다. 그렇게 되면 현실의 변화는 있을 수 없습니다.

④ 새 언약의 일꾼으로 살아가는 우리는 구약의 말씀을 읽을 때 더 이상 그 말씀을 내가 지키고 행해야 할 것으로 묵상하고 받아들이지 말아야 합니다. 구약의 모든 말씀은 일점일획도 틀림없는 진리의 말씀이지만 이제 우리는 율법의 마침이 되신(완성케 하시고, 저주가 되신) 예수 그리스도의 참빛에 비추어, 우리가 예수 그리스도 안에 거할 때 그리스도께서 우리를 통하여 이루신 또는 이루시는 말씀으로 받아야 합니다.

⑤ 우리가 주의 말씀을 말씀대로 말할 때 우리의 마음에 새로운 경험(말씀대로 이루어진 실상과 증거)이 프로그램 되는 것과 동시에 이 땅에 그 실체를 드러내기 위해서 영적 세계에 영원히 현존하는 주의 말씀이 마침내 활성화된다는 것을 알아야 합니다.

부록에 우리의 마음을 새롭게 할 주의 말씀들을 상황별로 정리해놓았습니다. 몇 가지 예를 들어 말씀대로 말해봅시다.

> 우리는 그가 만드신 바라 그리스도 예수 안에서 선한 일을 위하여 지으심을 받은 자니 이 일은 하나님이 전에 예비하사 우리로 그 가운데서 행하게 하려 하심이니라 엡 2:10

• 하나님께서는 만세전부터 예정하신 대로 예수 그리스도 안에서 선한 일을 하도록 나를 구원하셨으니 이제는 예수 그리스도 안에서

선한 일을 행하며 살겠습니다. (×)

- 하나님께서 예수 그리스도 안에서 선한 일을 하도록 나를 지으셨으니, 하나님께서 예정하신 대로 나는 지금 예수 그리스도 안에서 선한 일을 하는 존재이고, 그렇게 살게 하시니 감사합니다. (○)

너희가 악한 자라도 좋은 것으로 자식에게 줄 줄 알거든 하물며 하늘에 계신 너희 아버지께서 구하는 자에게 좋은 것으로 주시지 않겠느냐 마 7:11

- 주님, 제가 죄를 지었지만 하나님의 자녀로서 간절히 구하니 이 문제를 해결해주실 것을 믿습니다. (×)
- 주님, 예수님 밖에서는 죄를 지을 수밖에 없습니다. 그렇지만 지금 저는 오직 믿음으로 예수 그리스도 안에서 아버지께 구합니다. 말씀대로 좋은 것을 주셨음에 감사드립니다. (○)

나 곧 나는 나를 위하여 네 허물을 도말하는 자니 네 죄를 기억하지 아니하리라 사 43:25

- 오 주님! 말씀하신 대로 제 허물을 도말해주시고 죄를 기억하지 않으신다니 감사드립니다. (×)
- 오 주님! 말씀하신 대로 예수 그리스도 안에 내 허물이 없어지고 내 죄가 사라졌습니다. (○)

이르시되 너희가 너희 하나님 나 여호와의 말을 들어 순종하고 내가 보기에 의를 행하며 내 계명에 귀를 기울이며 내 모든 규례를 지키면 내가 애굽 사람에게 내린 모든 질병 중 하나도 너희에게 내리지 아니하리니 나는 너희를 치료하는 여호와임이라 출 15:26

- 주의 말씀대로 순종하고, 의를 행하며, 규례를 잘 지키겠습니다. 이 질병으로부터 해방되게 해주시옵소서. (×)
- 주님, 감사합니다. 예수 그리스도께서 율법의 마침이 되시고, 내 안에 계셔서 주의 말씀을 이루게 하심을 감사합니다. 이제 주의 말씀대로 내 질병이 치유되었습니다. (○)

이는 선지자 이사야를 통하여 하신 말씀에 우리의 연약한 것을 친히 담당하시고 병을 짊어지셨도다 함을 이루려 하심이더라 마 8:17

- 예수님께서 이사야 선지자의 말씀을 이루셨으니 저의 연약한 것이 해결될 줄 믿습니다. (×)
- 예수님께서 이사야 선지자의 말씀을 이루셨으니 제 문제가 주의 말씀대로 해결되었습니다. (○)

1 거짓자아로 선과 악을 구분하는 것은 인식(perception)의
  변화입니까? 의식(consciousness)의 변화입니까?

2 이원론적 사고방식이란 무엇을 의미합니까?

3 주의 말씀에 기초하여 자신의 생각을 바꾸는 것이 복음
  입니까?

4 복음은 인식을 바꾸는 것이 아니라 의식을 바꾸는 것이
  라는 뜻은 무엇을 의미합니까?

5 예수 그리스도 안에 있는 믿음은 현실의 상황을 부정하
   거나 부인하는 것인가요?

6 거짓자아를 죽이는 가장 실제적인 방법은 무엇입니까?

7 자신의 의식체계를 바꾸는 데 가장 좋은 신약 7가지는
   무엇입니까?

8 상상이 체험으로 변화되는 데 가장 중요한 것은 무엇입
   니까?

말을 새롭게 함으로
하나님의 자녀가 되자

혀와 말

로마서가 믿지 않는 자들에게 복음이 무엇인지 말하고 있다면, 야고보서는 예수 그리스도 안에 새로운 피조물이 된 자가 이 땅에 도래한 하나님나라에서 실제적으로 어떻게 살아야 하는지 말하고 있습니다. 자녀의 실제적인 삶 중 말에 대하여 야고보서보다 더 잘 기록한 책은 없습니다. 야고보는 예수님의 형제였기 때문에 누구보다도 예수님의 삶에 대해 실제로 많은 것을 보았을 것입니다. 그리고 복음의 진리보다는 복음적인 삶을 어떻게 살아야 하는지 많은 것을 깨달았을 것입니다. 그는 사람들에게 말을 많이 하는 선생 된 자신에 대해 이야기하면서 말이 얼마나 중요한지를 가르치고 있습니다. 말을 많이 하게 되면 누구나 다 실수하게 마련입니다. 그러나 한 가지 분명한 사실은 우리는 우리의 입술에서 나오는 말로 우리를 만들고, 다른 사람과 관계하며, 주위에 영향을 미치게 된다는 것입니다.

1 내 형제들아 너희는 선생 된 우리가 더 큰 심판을 받을 줄 알고 선생이 많이 되지 말라 2 우리가 다 실수가 많으니 만일 말에 실수가 없는 자라면 곧 온전한 사람이라 능히 온몸도 굴레 씌우리라 3 우리가 말들의 입에 재갈 물

리는 것은 우리에게 순종하게 하려고 그 온몸을 제어하는 것이라 약 3:1-3

따라서 가르치는 사람의 첫 번째 덕목은 자기 혀에 재갈을 물리고, 불필요한 말을 함부로 하지 않고, 자신의 마음과 일치되지 않는 말을 하지 않는 것입니다. 말들의 입에 재갈을 물리듯이 우리 입술에도 재갈을 물려야 실수하지 않고 온전한 사람이 될 수 있다고 말합니다.

누구든지 스스로 경건하다 생각하며 자기 혀를 재갈 물리지 아니하고 자기 마음을 속이면 이 사람의 경건은 헛것이라 약 1:26

우리의 영적 성숙도는 일상에서 우리 입술의 말을 어떻게 잘 다스리는가로 평가할 수 있습니다. 예수님께서는 좀 더 엄격하게 인간은 자신이 한 말로 심판을 받게 된다고 말씀하셨습니다. 평상시 우리는 우리가 말하는 것을 대수롭지 않게 여기며 살아왔지만, 다시 한번 예수님께서 하신 말씀을 엄중히 받아들여야 합니다.

36 내가 너희에게 이르노니 사람이 무슨 무익한 말을 하든지 심판 날에 이에 대하여 심문을 받으리니 37 네 말로 의롭다 함을 받고 네 말로 정죄함을 받으리라 마 12:36,37

사도 바울 역시 우리의 영적 무지함이 다 말에서 나온다고 말하고 있습니다.

12 다 치우쳐 함께 무익하게 되고 선을 행하는 자는 없나니 하나도 없도다 13 그들의 목구멍은 열린 무덤이요 그 혀로는 속임을 일삼으며 그 입술에는 독사의 독이 있고 14 그 입에는 저주와 악독이 가득하고 롬 3:12-14

4 또 배를 보라 그렇게 크고 광풍에 밀려가는 것들을 지극히 작은 키로써 사공의 뜻대로 운행하나니 5 이와 같이 혀도 작은 지체로되 큰 것을 자랑하도다 보라 얼마나 작은 불이 얼마나 많은 나무를 태우는가 6 혀는 곧 불이요 불의의 세계라 혀는 우리 지체 중에서 온몸을 더럽히고 삶의 수레바퀴를 불사르나니 그 사르는 것이 지옥 불에서 나느니라 7 여러 종류의 짐승과 새와 벌레와 바다의 생물은 다 사람이 길들일 수 있고 길들여 왔거니와 8 혀는 능히 길들일 사람이 없나니 쉬지 아니하는 악이요 죽이는 독이 가득한 것이라 약 3:4-8

4,5절에서는 매우 작은 키로 배 전체를 조정하는 것처럼, 혀도 세 치밖에 되지 않지만 인간의 삶과 인격 전체를 이끌어가고 있다고 지적합니다. 생각해보십시오. 폭풍우 속에서 배가 목적지를 향해 가기 위해 선장이 목숨처럼 붙드는 것이 무엇입니까? 바로 키입니다.

과거 우리가 한 말이 현재 인생의 틀이 되었고, 우리는 우리가 한 말대로 살고 있으며, 오늘 내가 한 말이 나의 내일을 향해 나를 조정해 나갑니다. 결국 우리 말 속에 우리의 운명이 담겨 있습니다. 이제 우리도 자신의 인생이라는 배를 입술의 말로써 조정하여 그 경로를 이탈하지 않도록 합시다.

우리의 혀로 나오는 말이 얼마나 큰 영향력을 미치는지 그 말 한마디로 천 냥 빚을 갚을 수도 있지만, 수많은 사람을 멸망의 길도 인도할 수도 있습니다. 말한 사람은 내일이면 잊어버리지만 그 말을 들은 사람은 평생 기억합니다. 실제로 우리가 어릴 때 당한 신체적 학대는 시간이 흐르면 대부분 잊어버립니다. 그러나 악담, 빈정거림, 저주와 같은 말은 평생 기억되어 우리의 마음에 쓴 뿌리로 남게 됩니다.

6절에서는 마음에 가득한 것을 입술로 말하게 하는 혀는 온몸을 더럽히는 불과 같다고 합니다. 나오는 대로 말하면 결국 마귀의 통치함을 받아 온몸을 더럽히고 인생을 불사르게 됩니다. 사실 해결하기 어려워 보이는 대부분의 문제의 근원은 부정적인 대화가 그 주된 원인으로 작용한 것입니다. 이는 마치 입 안에 다이너마이트를 지니고 있는 것과 같습니다. 더욱이 부정적이고 악한 말은 우리 자신의 몸을 더럽히고 자신의 인생을 망치게 합니다. 그야말로 지옥불과 같은 것입니다

우리는 7,8절을 통해서 가장 중요한 사실을 깨달아야 합니다. 야보고는 모든 생물은 사람이 다 길들일 수 있지만, 타락한 인간의 혀는 길들일 사람이 없다고 말합니다. 생각하면 할수록 진리의 말씀입니다. 왜냐하면 우리의 혀는 우리의 마음에 영향을 받고, 우리 마음은 우리의 영에 영향을 받고 있기 때문입니다. 믿는 우리가 새로운 피조물이 되었지만 과거 마귀의 성품을 마음에 가득 채운 채 아직도 그것을 버리지 못하고, 그것을 입으로 말하는 본질상 진노의 자녀처럼 사는 경우가 얼마나 많습니까?

독사의 자식들아 너희는 악하니 어떻게 선한 말을 할 수 있느냐 이는 마음에 가득한 것을 입으로 말함이라 마 12:34

9 이것으로 우리가 주 아버지를 찬송하고 또 이것으로 하나님의 형상대로 지음을 받은 사람을 저주하나니 10 한 입에서 찬송과 저주가 나오는도다 내 형제들아 이것이 마땅하지 아니하니라 11 샘이 한 구멍으로 어찌 단 물과 쓴 물을 내겠느냐 12 내 형제들아 어찌 무화과나무가 감람 열매를, 포도나무가 무화과를 맺겠느냐 이와 같이 짠 물이 단 물을 내지 못하느니라 약 3:9-12

이 말씀에 따르면 놀랍게도 혀는 자연의 법칙에 따르지 않는 것을 볼 수 있습니다. 무화과나무는 오직 무화과 열매만 맺을 수 있습니다. 그런데 우리는 한 입으로 찬송과 저주가 나오게 할 수 있습니다. 우리 자신도 일구이언(一口二言) 하는 것을 자주 경험합니다. 왜냐하면 우리 마음에 따라 입술의 말도 변하게 되는데, 우리 마음이 하루에 열두 번도 더 변하기 때문입니다. 따라서 항상 하나님의 영으로 인도함을 받지 못한다면 스스로 경건하다고 생각하는 사람조차 한순간에 악한 말을 쏟아낼 수 있습니다. 단물(먹을 물)과 짠물(먹지 못할 물)이 함께 나오는 샘이 있다면, 그 물은 항상 짜게 될 것입니다.

결국 말은 사람을 죽일 수도 있고 살릴 수도 있는 가장 강력한 무기가 되며, 그 혀는 오직 혀를 창조하신 분만이 길들이실 수 있습니다. 우리가 애써서 몇 마디의 긍정적인 말을 하기도 하지만, 대부분의 경우 의식하지 않는 마음에서 나오는 대로 부정적인 말을 내뱉어버립니다. 따라서 몇 시간을 기도하는 것이 중요한 것이 아니라 기도하지 않는 시간에 내뱉는 나의 말이 더 중요하다는 것을 알아야 합니다.

결론은 무엇인가요? 혀를 통한 말은 비록 크기가 작은 곳에서 나오지만 온몸을 불사르게 하며, 다른 사람을 축복하기도 하지만 동시에 저주할 수도 있으며, 그 혀를 통해 나오는 말을 다스릴 방법이 없다는 것입니다. 결국 입에 재갈을 물릴 수 있는 유일한 방법은 우리의 마음을 새롭게 하는 것입니다. 인간이 타락한 후 마귀는 사람들의 마음에 잘못된 생각을 집어넣음으로써 입술을 장악하고 있으며, 그 입술로 자신과 세상의 모든 것을 불태우고자 합니다.

> 모든 지킬 만한 것 중에 더욱 네 마음을 지키라 생명의 근원이 이에서 남이니라 잠 4:23

> 사람은 입의 열매로 인하여 복록을 누리거니와 마음이 궤사한 자는 강포를 당하느니라 잠 13:2

잠언이나 야고보서에서는 왜 입술의 긍정적인 면보다는 부정적인 면에 대해서 더 많이 언급하는 것일까요? 그 이유는 우리가 마귀로부터 벗어나 예수 그리스도 안에서 새로운 피조물이 되었지만 여전히 마귀의 권세 아래 살아가고 있기 때문입니다. 우리는 긍정적인 말보다는 부정적인 말에 훨씬 더 익숙합니다. 마귀는 우리로 하여금 하나님의 말씀에 동의하지 않도록 말하게 함으로써 우리 스스로 자멸하게 만들고 있습니다. 혀는 우리가 길들일 수 없고 혀를 창조하신 분만이 길들이실 수 있습니다. 지금 이 순간 우리의 혀와 말을 길들이실 수 있는 분은 오직 성령님밖에 없습니다. 왜냐하면 그분만이 무슨 말을 해야 할지를 알려주시기 때문입니다. 따라서 우리의 말을 길들이실 수 있는 성령 하나님을 모독하는 죄는 이 세상과 오는 세상에서도 사함을 받을 수 없음을 알아야 합니다.

사람들이 너희를 끌어다가 넘겨줄 때에 무슨 말을 할까 미리 염려하지 말고 무엇이든지 그 때에 너희에게 주시는 그 말을 하라 말하는 이는 너희가 아니요 성령이시니라 막 13:11

또 누구든지 말로 인자를 거역하면 사하심을 얻되 누구든지 말로 성령을 거역하면 이 세상과 오는 세상에서도 사하심을 얻지 못하리라 마 12:32

두 가지를 위해서 기도합시다.

첫째, 입에 재갈을 물려 함부로 말하지 않게 하옵소서!

내 사랑하는 형제들아 너희가 알지니 사람마다 듣기는 속히 하고 말하기는 더디 하며 성내기도 더디 하라 약 1:19

입과 혀를 지키는 자는 자기의 영혼을 환난에서 보전하느니라 잠 21:23

말이 많으면 허물을 면하기 어려우나 그 입술을 제어하는 자는 지혜가 있느니라 잠 10:19

27 말을 아끼는 자는 지식이 있고 성품이 냉철한 자는 명철하니라 28 미련한 자라도 잠잠하면 지혜로운 자로 여겨지고 그의 입술을 닫으면 슬기로운 자로 여겨지느니라 잠 17:27,28

둘째, 주님께서 저의 입과 함께하셔서 할 말을 가르쳐주옵소서!

10 모세가 여호와께 아뢰되 오 주여 나는 본래 말을 잘 하지 못하는 자니이다 주께서 주의 종에게 명령하신 후에도 역시 그러하니 나는 입이 뻣뻣하고 혀가 둔한 자니이다 11 여호와께서 그에게 이르시되 누가 사람의 입을 지었느냐 누가 말 못 하는 자나 못 듣는 자나 눈 밝은 자나 맹인이 되게 하였느냐 나 여호와가 아니냐 12 이제 가라 내가 네 입과 함께 있어서 할 말을 가르치리라 출 4:10-12

사람들이 너희를 끌어다가 넘겨줄 때에 무슨 말을 할까 미리 염려하지 말고 무엇이든지 그 때에 너희에게 주시는 그 말을 하라 말하는 이는 너희가 아니요 성령이시니라 막 13:11

말에 대한 실수와 그릇된 생각들

말에 대하여 가장 많이 언급한 책이 신약의 야고보서라면, 말에 대하여 가장 강조한 책은 구약의 잠언입니다. 잠언의 세 가지 주제는 도덕성, 돈, 입에 관한 것입니다. 인생을 되돌아보면 볼수록 말의 중요성을 다시 느끼게 됩니다. 우리가 말에서 흔히 범하는 실수와 잘못을 되짚어봄으로써 새로운 삶을 살도록 합시다.

(1) 우리는 누구나 자유롭게 말할 수 있는 언론의 자유를 가지고 있다고 생각합니다

실제로 아무리 좋지 않은 상황에서라도, 아무것도 할 수 없는 처지라 할지라도 유일하게 마음대로 할 수 있는 것이 '말'입니다. 그래서 "말도 못하냐"라는 말들을 합니다. 그렇지만 우리는 거짓말 등 올바르지 못한 말을 할 자유가 없습니다. 아무 말이나 할 수는 있지만 그렇다고 결과에 상관없이 자신이 원하는 말이면 무엇이든지 해도 된다는 뜻은 아닙니다. 왜냐하면 우리는 자신이 한 말의 열매를 먹기 때문입니다. 우리는 우리가 한 말에 대한 책임을 져야 합니다. 특히 하나님의 기준이 아니라 자신의 기준으로 한 말은 언젠가 자신의 발목을 잡기 마련입니다.

> 죽고 사는 것이 혀의 힘에 달렸나니 혀를 쓰기 좋아하는 자는 혀의 열매를 먹으리라 잠 18:21

네 입의 말로 네가 얽혔으며 네 입의 말로 인하여 잡히게 되었느니라 잠 6:2

여호와여 내 입에 파수꾼을 세우시고 내 입술의 문을 지키소서 시 141:3

(2) 흔히 말은 보이지 않기 때문에 자신이 한 말을 잊어버리면 그 영향력도 사라진다고 생각합니다

아무렇게나 내뱉은 말은 한순간에 증기처럼 사라진다고 생각하는데 결코 그렇지 않습니다. 우리가 내뱉은 말은 내일이면 잊어버리지만 그 말을 들은 사람은 일평생 기억합니다. 어떤 사람의 한마디로 삶이 새롭게 되었다는 수많은 간증을 듣는 반면 어떤 사람의 한마디로 인생을 망쳤다는 이야기 또한 수없이 듣게 됩니다.

경우에 합당한 말은 아로새긴 은 쟁반에 금 사과니라 잠 25:11

(3) 자기가 하고 싶은 말을 내뱉고, "그냥 농담이었어"라고 하면 괜찮다고 생각합니다

우리 마음 깊숙이 새겨져 있는 대부분의 상처와 쓴 뿌리는 어디서 생긴 것일까요? 대부분 다른 사람의 말 때문에 생깁니다. 그런데 독한 말로 다른 사람을 죽음에 몰아넣고도, 아무렇지 않게 "그냥 농담이었어, 그냥 해본 소리였어"라고 말하는 사람들이 있습니다. 옛 속담에 "칼에 베인 상처는 곧 아물지만 말에 베인 상처는 평생 간다"는 말이 있습니다. 상처를 주는 말은 온 마음을 흔들고 영혼 깊숙이 파고 들어갑니다.

18 횃불을 던지며 화살을 쏘아서 사람을 죽이는 미친 사람이 있나니 19 자
기의 이웃을 속이고 말하기를 내가 희롱하였노라 하는 자도 그러하니라
잠 26:18,19

남의 말 하기를 좋아하는 자의 말은 별식과 같아서 뱃속 깊은 데로 내려가
느니라 잠 26:22

우리 자신을 돌아봅시다. 주님께서 우리의 기도를 듣지 않으시는
이유는 우리의 손이 죄를 지었기 때문이 아니라, 우리의 기도에 정성
이 없어서가 아니라, 말씀을 읽지 않아서가 아니라, 날마다 사용하는
우리 입술의 말이 하나님의 마음과 일치하지 않기 때문입니다. 우리
가 흔히 일곱 가지 치명적인 죄를 교만, 시기, 탐식, 욕망, 분노, 탐심,
나태라고 합니다. 그런데 그 죄보다 더 무서운 것이 바로 말입니다.
우리의 죄에 대한 하나님의 책망을 보면, 가장 엄하게 말씀하시는 것
이 바로 우리의 입술을 통해서 나오는 말에 관한 것입니다.

1 여호와의 손이 짧아 구원하지 못하심도 아니요 귀가 둔하여 듣지 못하심
도 아니라 2 오직 너희 죄악이 너희와 너희 하나님 사이를 갈라놓았고 너희
죄가 그의 얼굴을 가리어서 너희에게서 듣지 않으시게 함이니라 3 이는 너
희 손이 피에, 너희 손가락이 죄악에 더러워졌으며 너희 입술은 거짓을 말하

며 너희 혀는 악독을 냄이라 사 59:1-3

우리의 삶을 되돌아보면 우리는 말의 중요성을 제대로 인식하지 못하고, 배운 대로, 들은 대로, 남들이 하는 대로 함부로 말하며 살아왔다는 것을 알 수 있습니다. 몇 가지 예를 들면 다음과 같습니다.

① 흔히 어린 나이 때는 욕을 해야 남들이 자신을 '마초'로 여겨준다고 생각해서 악하고 더러운 말을 함부로 합니다.
② 또한 다른 사람을 비난하거나 험담하거나 상스러운 음담패설 등 불필요하고 경건하지 못한 말을 함부로 합니다.
③ 자기의 관점으로만 자신과 세상을 보고 경우에 합당하지 않은주장을 되풀이해서 말합니다.
④ 자기가 한 일을 합리화시키기 위해서 다시 거짓말을 하는 경우가 많습니다.
⑤ 말은 그럴듯하지만 그 표정과는 일치되지 않는 말을 합니다.
⑥ 자신이 한 말은 언젠가 자신에게도 적용된다는 것을 알지 못한 채 지금 상황과 처지에 기초하여 함부로 말합니다.
⑦ 자신이 한 말은 은혜의 기준으로 판단하고, 다른 사람이 한 말은 진리의 기준으로 판단합니다.

내가 말하기를 나의 행위를 조심하여 내 혀로 범죄하지 아니하리니 악인이 내 앞에 있을 때에 내가 내 입에 재갈을 먹이리라 하였도다 시 39:1

구부러진 말을 네 입에서 버리며 비뚤어진 말을 네 입술에서 멀리 하라
잠 4:24

7 너희도 전에 그 가운데 살 때에는 그 가운데서 행하였으나 8 이제는 너희가 이 모든 것을 벗어버리라 곧 분함과 노여움과 악의와 비방과 너희 입의 부끄러운 말이라 골 3:7,8

어떻게 새로운 사람이 될 수 있을까?

세상에서 가장 온전한 삶을 살기 위해서 우리가 가장 중요하게 여기고 제대로 배워야 하는 것이 바로 '말'입니다. 말(언어)의 품격은 곧 그 사람의 인격을 나타냅니다.

(1) 말하기 전에 멈추는 훈련을 하라

죽고 사는 것이 혀의 권세에 달려 있습니다. 우리 마음에 있는 말을 일단 내뱉으면 다시 주워 담을 수가 없습니다. 따라서 말을 아끼고, 필요할 때 적절한 말을 함으로써 말의 권세를 회복해야 합니다. 그러나 실상은 누군가가 말을 하면, 우리는 자신도 모르게 대답할 말을 생각하고 만들기 시작합니다. 사실은 상대의 말을 경청함으로 그 말의 진의와 의도를 생각해야 함에도 말입니다. 그렇게 될 수밖에 없는 이유는 들리는 말에 우리의 마음이 곧바로 반응하기 때문입니다.

말은 일종의 에너지입니다. 어떤 말에 해당되는 에너지가 들어오면

우리 마음은 그 에너지에 동조하고 공명하기 시작합니다. 왜냐하면 우리 마음 안에는 수많은 경험을 통해서 그 말에 해당되는 에너지가 이미 내재되어 있기 때문입니다. 그렇게 되면 결국 그 마음에서 올라오는 말을 하고 맙니다. 에너지의 측면에서 말을 생각하면, 우리 마음을 새롭게 할 수 있는 기회를 좀 더 쉽게 익힐 수 있습니다.

누군가의 말을 들을 때 그 말의 내용을 분석하기보다 내 마음의 에너지 흐름을 제로로 만드는 훈련을 해야 합니다. 즉 상대방의 말에 따른 내 마음의 동조와 공명이 일어나지 않도록 하는 것입니다. 그것이 바로 자기를 부인하는 것입니다. 그렇게 함으로 내 마음이 반응하는 대신에 내 영혼이 그리스도 안에 거하도록 할 수 있습니다.

온순한 혀[the soothing tongue (위로하는 또는 달래는 혀), NIV]는 곧 생명나무이지만 패역한 혀는 마음을 상하게 하느니라 잠 15:4

27 말을 아끼는 자는 지식이 있고 성품이 냉철한 자는 명철하니라 28 미련한 자라도 잠잠하면 지혜로운 자로 여겨지고 그의 입술을 닫으면 슬기로운 자로 여겨지느니라 잠 17:27,28

이것을 훈련하기 위해서 PCD를 하는 사고방식을 가져야 합니다. PCD는 멈춤(Pause)—확인(Clarify)—결정(Decide)의 약자입니다. 평상시에 어떤 말을 하거나 행동하기 전에 우선 멈추고 확인한 다음에 결정하는 습관을 가져야 합니다. 이러한 태도는 일의 과정을 사건—반응–결과의 순이 아니라 사건–결과–반응으로 만들어줍니다. 사건이 발생했을 때 생각나는 대로 무턱대고 함부로 반응함으로써 자신이 감당하지 못할 결과를 초래한 일들이 얼마나 많습니까? 영혼의 향기도 입술을 통하여 나오지만, 마음의 악취도 입술을 통해서 나옵니다. 선한 말을 통하여 그리스도의 향기를 나타내도록 합시다.

말이 많으면 허물을 면하기 어려우나 그 입술을 제어하는 자는 지혜가 있느니라 잠 10:19

입과 혀를 지키는 자는 자기의 영혼을 환난에서 보전하느니라 잠 21:23

내 사랑하는 형제들아 너희가 알지니 사람마다 듣기는 속히 하고 말하기는 더디 하며 성내기도 더디 하라 약 1:19

(2) 하나님의 말씀을 읽고 듣고 마음에 기록하는 삶을 살자

우리는 지금까지 다른 사람의 말을 듣고, 자신의 뇌에 기억하고, 마음에 기록하고, 그것대로 말하며 살아왔습니다. 이제부터는 당신의 영으로부터 나오는 주의 말씀을 말하고 듣고 뇌에 기억하고 마음에 기록함으로써 마음과 육체를 새롭게 하여 변화되는 것을 경험해야 합니다. 이 사이클이 돌아가면 비로소 하나님의 말씀이 우리 안에 거하게 되는 것입니다.

하나님의 말씀을 어떻게 묵상하는 것이 좋을까요? 그것은 말씀이 온 마음을 사로잡도록 조용히 읊조리는 것입니다. 그럴 때 그 말씀에 성령님이 함께하심으로 눈에 보이지는 않지만 말씀대로의 능력이 나를 감싸고 있는 것을 체험하게 됩니다. 말씀을 깊이 생각하는 것도 중요합니다. 그러나 그 말씀을 당신의 입술로 말함으로써 그 말씀이 당신의 뇌에 기억되고 마음에 기록되는 것이 더 중요하다는 것을 알아야 합니다. 하루에 십 분만이라도 주의 말씀을 말씀대로 말하는 삶을 삽시다.

> 내가 주의 법을 어찌 그리 사랑하는지요 내가 그것을 종일 작은 소리로 읊조리나이다 시 119:97

> 나의 반석이시요 나의 구속자이신 여호와여 내 입의 말과 마음의 묵상이 주님 앞에 열납되기를 원하나이다 시 19:14

- 영으로 들은 말씀을 마음에 새기고
- 그것을 다시 입으로 말하고
- 말한 것을 듣고
- 들은 것을 마음에 다시 새길 때
- 우리의 기억이 변화됩니다.

(3) 새로운 말로 새로운 관계를 형성하자
배는 음식을 갈망하고 배고파하듯이 우리 영혼은 좋은 말을 갈망하고 받아들이기 원합니다. 남을 격려할 줄 모르면서 칭찬만 받으려 하고, 남을 배려할 줄 모르면서 존중만 받으려 하고, 남을 용납할 줄 모르면서 인정만 받으려 하고, 남을 용서할 줄 모르면서 사랑만 받으려 한다면 얼마나 어리석은 일입니까? 오늘 우리가 한 말을 모두 모아서 키질한다면 남는 알곡이 몇 개나 될까요?

> 10 그러므로 생명을 사랑하고 좋은 날 보기를 원하는 자는 혀를 금하여 악한 말을 그치며 그 입술로 거짓을 말하지 말고 11 악에서 떠나 선을 행하고 화평을 구하며 그것을 따르라 벧전 3:10,11

이제부터는 언제 어디서든지 내 말을 감시하는 사감 선생과 함께 산다고 생각하십시오. 그 '사감' 선생의 이름은 '고용미'입니다. "고맙습니다, 용서해주세요, 미안합니다, 사랑합니다, 감사합니다"의 줄임말입니다. 살아가면서 '고용미 사감'만 적절히 말할 수 있어도 우리의 삶이 달라질 것입니다.

그리고 어떠한 경우에도 다른 사람을 판단하거나 비판하기보다는 격려하는 말을 합시다. 예를 들어, "다시 할 수 있어", "괜찮아, 잘될 거야", "좋은 경험이야", "그렇지만 최악은 아니야", "성공 확률을 높인 거야" 등 말입니다.

마지막으로 다른 사람에게 조언하거나 문제를 풀어갈 때 언품(言品)을 높이기 위해서 반드시 세 개의 문을 지나도록 합시다. 저는 제 자신을 변화시키기 위해서 이렇게 하려고 애쓰고 있습니다. 그렇게 할 때 다른 사람에게 선한 영향력을 끼칠 수 있습니다.

(1) 역지사지(易地思之)[7]의 마음으로 상대방의 관점으로 생각해봅시다

관계 문제의 본질적인 해결책은 ① 상대방이 말을 하게 된 동기와 이유를 알고 그것을 존중하는 데 있으며 ② 상대방이 지금 내 입이 아니라 내 귀를 원한다는 사실을 알 때부터 가능하며 ③ 답은 내가 아니라 상대방의 말 속에 있다는 것을 아는 것입니다. 한마디로 이청득심(以聽得心) 하시기 바랍니다.

(2) 먼저 상대방의 말로부터 긍정적인 면과 미래적인 면을 찾아내어 말합시다

칭찬은 고래도 춤추게 한다고 합니다. 상대가 아무리 부정적인 이야기를 한다 해도 우리는 그 속에서 긍정적인 측면으로 이해해야 합니다. 긍정적인 측면이 없다면 미래적인 측면에서라도 좋은 가능성을 볼 수 있어야 합니다. 그리고 그것을 말할 줄 알아야 합니다.

(3) 사랑을 가지고 말할 수 있을 때까지 기다립시다

우리는 상대에게 싫은 말을 하려고 할 때 가슴이 뛰는 것을 느낍니다. 그리고 막상 말을 하게 되면 하고 싶은 말을 제대로 하지 못하는 경우가 많습니다. 왜 그렇습니까? 사랑 없이 말하기 때문입니다. 그럴 때 상대방이 두려워지고, 자기를 보호해야 하기 때문에, 또 그 말을

---

7   상대방의 처지나 입장에서 먼저 생각해보고 이해하라는 고사성어

통해서 내가 옳다는 것을 입증해야 한다는 강박감 때문에 편안하게
온전하게 말을 할 수 없게 됩니다.

마음의 향기는 언어의 품격으로 나타나고,
마음의 소리는 말의 품격으로 나타납니다.
마음은 우리가 내뱉은 말의 메아리의 고향입니다.

말은 입을 떠나면 사라지는 것 같지만
발이 달려 결국 그 대상에게 가게 됩니다.
따라서 앞에서 할 수 없는 말은
뒤에서도 하지 말아야 합니다.

1 격려의 말로 다른 사람을 살린 예가 있습니까?

2 독한 말로 다른 사람을 고통스럽게 한 일이 있습니까?

3 당신의 유익을 위해 상황에 따라 일구이언 한 적이 있습니까?

4 당신은 어떤 경우에 겉과 속이 다르게 말합니까?

5 당신은 입에 재갈을 물리지 못해서 큰 화를 당한 적이 있습니까?

6 당신은 입에 재갈을 물려 화를 면한 적이 있습니까?

7 당신은 지금 어떻게 당신의 입에 재갈을 물리고 있습니까?

8 당신의 마음을 새롭게 하는 가장 좋은 방법은 무엇이라고 생각합니까?

9 어떤 쟁점에 대해서 다른 사람과 토론을 해야 할 경우 어떻게 준비합니까?

| 예수 그리스도 안에서
주의 말씀대로 말할 수 있는
믿음의 삶

지난 20년 동안 주의 말씀으로 사역해왔지만 지금처럼 주의 말씀을 말씀대로 말하는 것에 대한 중요성이 저를 사로잡은 적은 없었던 것 같습니다. 말씀을 말하는 관점에서 성경을 다시 보는 것은 저에게 마치 하나님나라 복음의 숨겨진 또 하나의 비밀을 밝혀내는 것 같은 느낌이었습니다. 하나님나라의 역사는 말씀의 역사가 아니라 말씀을 말하시는 역사이기 때문입니다.

우리는 하나님의 말씀이 얼마나 중요한지 잘 알고 있지만, 정작 내가 그 말씀을 말하는 것이 얼마나 소중하고 중요한지에 대해서는 마음에 깊이 품고 지내지는 못했던 것 같습니다. 왜냐하면 지금까지 말은 누구라도 할 수 있고, 아무 말이라도 자유롭게 할 수 있다고 생각하고, 우리가 스스로 하는 말을 사랑하지도, 인정하지도, 가치 있게 여기지도 않았기 때문입니다. 그러나 아이러니하게도 다른 사람과 옳고 그름을 다툴 때만큼은 자기 말만 중요하고 옳다고 우기기 일쑤였습니다.

이제 우리가 하나님의 자녀라면 상속자로서 하나님의 말씀을 말씀대로 말할 수 있는 위대한 유업을 회복해야 합니다. 돌이켜보면 우리는 늘 하나님의 말씀을 먹고 살았지만, 정작 우리의 입술로는 자신의 마음에 가득한 것을 말해왔습니다. 이제는 자신의 경험과 지식에 기초한 말이 아니라 하나님의 영으로부터 나오는 말씀으로 하나님의 마음과 우리의 마음을 일치시키고, 우리 마음에 가득한 것을 입으로 말할 줄 알아야 합니다. 자신의 말에 하나님의 능력이 나타나도록 하는 것이 바로 이 땅에 도래한 하나님나라의 삶입니다.

> 19 주께서 허락하시면 내가 너희에게 속히 나아가서 교만한 자들의 말이 아니라 오직 그 능력을 알아보겠으니 20 하나님의 나라는 말에 있지 아니하고 오직 능력에 있음이라 고전 4:19,20

어쩌면 우리는 매일 하나님을 대적하는 삶을 살고 있지 않나 하는 두려움이 들었습니다. 왜냐하면 자식이면서도 아버지의 말씀에 어깃장을 놓고, 마귀의 말을 하며 살기 때문입니다. 우리는 우리 안에 하나님나라를 이루는 대신 매일 자신의 마음에 가득 찬 두려움, 염려, 의심, 예측 등의 말들을 쏟아내며 살아가고 있습니다. 설령 하나님의 말씀을 말할지라도 주의 말씀대로 말하지 않고 자신의 생각, 판단, 상상으로 가공된 말씀에 대한 자신의 의견을 말할 뿐입니다.

우리에게 정말 필요한 것은 불가능한 것을 붙드는 믿음이 아니라, 거짓자아의 생각과 판단을 포기하고 우리의 마음과 육신을 주님께 맡기고 그 주님 안에서 주님의 말씀을 말하는 믿음입니다. 예수님께서는 이것을 비유적으로 다음과 같이 말씀하셨습니다.

5 사도들이 주께 여짜오되 우리에게 믿음을 더하소서 하니 6 주께서 이르시되 너희에게 겨자씨 한 알만한 믿음이 있었더라면 이 뽕나무더러 뿌리가 뽑혀 바다에 심기어라 하였을 것이요(말하였을 것이요 - 저자 주) 그것이 너희에게 순종하였으리라 눅 17:5,6

제자들은 엄청난 믿음을 얻기 원했지만, 예수님께서는 인간의 큰 믿음이 아니라 자신이 누구인지 알 때 예수 그리스도 안에서 주의 말씀을 말할 수 있는 믿음을 갖게 될 것이며, 그 결과 기적을 경험할 수 있다고 말씀하셨습니다. 할렐루야! 내가 누구인지를 알면 예수 그리스도의 이름으로 주의 말씀을 말하는 것은 세상의 무엇과도 비교할 수 없는 기쁨이요 특권이 됩니다. 왜냐하면 그것이야말로 하나님을 기쁘시게 하는 일이기 때문입니다.

나를 보내신 이가 나와 함께하시도다 나는 항상 그가 기뻐하시는 일을 행하므로 나를 혼자 두지 아니하셨느니라 요 8:29

하나님께서는 성령님을 통하여 우리 마음에 소원을 두게 하시고(빌 2:13), 그 소원을 만족하게 하사 우리를 독수리같이 새롭게 하십니다. 그렇다면 그 소원을 어떻게 만족하게 할 수 있을까요? 킹제임스 버전에서는 시편 103편 5절의 말씀을 "좋은 것으로 우리 입술을 만족케 하신다"라고 번역했습니다. 즉 하나님의 약속을 우리 입술로 고백함으로 이루어진다는 것입니다.

너희 안에서 행하시는 이는 하나님이시니 자기의 기쁘신 뜻을 위하여 너희에게 소원을 두고 행하게 하시나니 빌 2:13

좋은 것으로 네 소원을 만족하게 하사(who satisfies your mouth with good things, NKJV) 네 청춘을 독수리같이 새롭게 하시는도다 시 103:5

자신의 생각과 감정에 자신을 맡기지 맙시다. 진정한 자신이 누구인지를 알고, 말씀대로 생각하고, 말씀대로 느끼고, 말씀대로 말합시다. 예수 그리스도 안에서, 하나님께서 우리를 보신다는 마음으로, 하나님의 말씀대로 말합시다. 이것이야말로 이 땅에 도래한 하나님 나라에서 주의 상속자로서 유업을 누리는 최고의 방법입니다. 할렐루야!

우리는 수많은 사람들처럼 하나님의 말씀을 혼잡하게 하지 아니하고 곧 순전함으로 하나님께 받은 것같이 하나님 앞에서와 그리스도 안에서 말하노라 고후 2:17

　|　주의 말씀을
　　　　　　말씀대로
　　　　　　말하자

매일의 삶에 문제가 있을 때나 없을 때나 주의 말씀을 말씀대로 말함
으로써 항상 온전함을 누리는 삶을 살아야 합니다. 하늘에 영원히 굳
게 서 있는 하나님의 말씀은 시간과 공간을 초월하여 영원히 현존합
니다. 예수 그리스도 안에 있는 하나님의 자녀는 약속의 말씀이 이미
이루어져 현재적으로 나타나도록 말해야 합니다. 즉, 경험할 것을 말
하지 말고 경험할 것을 이미 경험한 것으로 말해야 합니다. 우리가 이
렇게 담대히 주의 말씀을 말할 수 있는 것은 주께서 친히 말씀하셨기
때문입니다.

> … 그가 친히 말씀하시기를 (내가 결코 너희를 버리지 아니하고 너희를 떠
> 나지 아니하리라 하셨느니라 - A) 그러므로 우리가 담대히 말하되 (주는
> 나를 돕는 이시니 내가 무서워하지 아니하겠노라 사람이 내게 어찌하리요
> 하노라 - B) 히 13:5,6

다음의 약속된 말씀을 읽으시고(A), 담대히 말씀대로 선포하십시오
(B).

자녀의
삶을 살자

영접하는 자 곧 그 이름을 믿는 자들에게는 하나님의 자녀가 되는 권세를 주셨으니 요 1:12

너희는 하나님으로부터 나서 그리스도 예수 안에 있고 예수는 하나님으로부터 나와서 우리에게 지혜와 의로움과 거룩함과 구원함이 되셨으니 고전 1:30

그런즉 누구든지 그리스도 안에 있으면 새로운 피조물이라 이전 것은 지나갔으니 보라 새 것이 되었도다
고후 5:17

하나님이 죄를 알지도 못하신 이를 우리를 대신하여 죄로 삼으신 것은 우리로 하여금 그 안에서 하나님의 의가 되게 하려 하심이라 고후 5:21

내가 그리스도와 함께 십자가에 못 박혔나니 그런즉 이제는 내가 사는 것이 아니요 오직 내 안에 그리스도께서 사시는 것이라 이제 내가 육체 가운데 사는 것은 나를 사랑하사 나를 위하여 자기 자신을 버리신 하나님의 아들을 믿는 믿음 안에서 사는 것이라 갈 2:20

우리는 그가 만드신 바라 그리스도 예수 안에서 선한 일을 위하여 지으심을 받은 자니 이 일은 하나님이 전에 예비하사 우리로 그 가운데서 행하게 하려 하심이니라 엡 2:10

29 무릇 더러운 말은 너희 입 밖에도 내지 말고 오직 덕을 세우는 데 소용되는 대로 선한 말을 하여 듣는 자들에게 은혜를 끼치게 하라 30 하나님의 성령을 근심하게 하지 말라 그 안에서 너희가 구원의 날까지 인치심을 받았느니라 엡 4:29,30

7 그리하면 모든 지각에 뛰어난 하나님의 평강이 그리스도 예수 안에서 너희 마음과 생각을 지키시리라 8 끝으로 형제들아 무엇에든지 참되며 무엇에든지 경건하며 무엇에든지 옳으며 무엇에든지 정결하며 무엇에든지 사랑받을 만하며 무엇에든지 칭찬받을 만하며 무슨 덕이 있든지 무슨 기림이 있든지 이것들을 생각하라 빌 4:7,8

그리스도의 평강이 너희 마음을 주장하게 하라 너희는 평강을 위하여 한 몸으로 부르심을 받았나니 너희는 또한 감사하는 자가 되라 골 3:15

평강의 하나님이 친히 너희를 온전히 거룩하게 하시고 또 너희의 온 영과 혼과 몸이 우리 주 예수 그리스도께서 강

림하실 때에 흠 없게 보전되기를 원하노라 살전 5:23

3 그의 신기한 능력으로 생명과 경건에 속한 모든 것을 우리에게 주셨으니 이는 자기의 영광과 덕으로써 우리를 부르신 이를 앎으로 말미암음이라 4 이로써 그 보배롭고 지극히 큰 약속을 우리에게 주사 이 약속으로 말미암아 너희가 정욕 때문에 세상에서 썩어질 것을 피하여 신성한 성품에 참여하는 자가 되게 하려 하셨느니라 벧후 1:3,4

보라 아버지께서 어떠한 사랑을 우리에게 베푸사 하나님의 자녀라 일컬음을 받게 하셨는가, 우리가 그러하도다 그러므로 세상이 우리를 알지 못함은 그를 알지 못함이라 요일 3:1

사랑하는 자들아 너희는 너희의 지극히 거룩한 믿음 위에 자신을 세우며 성령으로 기도하며 유 1:20

또 우리 형제들이 어린 양의 피와 자기들이 증언하는 말씀으로써 그를 이겼으니 그들은 죽기까지 자기들의 생명을 아끼지 아니하였도다 계 12:11

예수 그리스도
안에 있는
믿음을 갖자

주께서 이르시되 너희에게 겨자씨 한 알만한 믿음이 있었더라면 이 뽕나무더러 뿌리가 뽑혀 바다에 심기어라 하였을 것이요 그것이 너희에게 순종하였으리라 눅 17:6

그 이름을 믿으므로 그 이름이 너희가 보고 아는 이 사람을 성하게 하였나니 예수로 말미암아 난 믿음이 너희 모든 사람 앞에서 이같이 완전히 낫게 하였느니라 행 3:16

복음에는 하나님의 의가 나타나서 믿음으로 믿음에 이르게 하나니 기록된 바 오직 의인은 믿음으로 말미암아 살리라 함과 같으니라 롬 1:17

그러므로 믿음은 들음에서 나며 들음은 그리스도의 말씀으로 말미암았느니라 롬 10:17

내가 그리스도와 함께 십자가에 못 박혔나니 그런즉 이제는 내가 사는 것이 아니요 오직 내 안에 그리스도께서 사시는 것이라 이제 내가 육체 가운데 사는 것은 나를 사랑하사 나를 위하여

자기 자신을 버리신 하나님의 아들을
믿는 믿음 안에서 사는 것이라 갈 2:20

그러나 성경이 모든 것을 죄 아래에 가
두었으니 이는 예수 그리스도를 믿음
으로 말미암는 약속을 믿는 자들에게
주려 함이라 갈 3:22

또 어려서부터 성경을 알았나니 성경은
능히 너로 하여금 그리스도 예수 안에
있는 믿음으로 말미암아 구원에 이르
는 지혜가 있게 하느니라 딤후 3:15

믿음이 없이는 하나님을 기쁘시게 하지
못하나니 하나님께 나아가는 자는 반
드시 그가 계신 것과 또한 그가 자기를
찾는 자들에게 상 주시는 이심을 믿어
야 할지니라 히 11:6

무릇 하나님께로부터 난 자마다 세상
을 이기느니라 세상을 이기는 승리는
이것이니 우리의 믿음이니라 요일 5:4

언제나
하나님의 지혜를
구하자

보소서 주께서는 중심이 진실함을 원
하시오니 내게 지혜를 은밀히 가르치시
리이다 시 51:6

여호와를 경외함이 지혜의 근본이라 그
의 계명을 지키는 자는 다 훌륭한 지각
을 가진 자이니 여호와를 찬양함이 영
원히 계속되리로다 시 111:10

주의 계명들이 항상 나와 함께 하므로
그것들이 나를 원수보다 지혜롭게 하
나이다 시 119:98

6 대저 여호와는 지혜를 주시며 지식과
명철을 그 입에서 내심이며 7 그는 정직
한 자를 위하여 완전한 지혜를 예비하
시며 행실이 온전한 자에게 방패가 되
시나니 잠 2:6,7

5 너는 마음을 다하여 여호와를 신뢰
하고 네 명철을 의지하지 말라 6 너는
범사에 그를 인정하라 그리하면 네 길
을 지도하시리라 잠 3:5,6

악인은 정의를 깨닫지 못하나 여호와
를 찾는 자는 모든 것을 깨닫느니라
잠 28:5

11 여호와의 말씀이니라 너희를 향한 나의 생각을 내가 아나니 평안이요 재앙이 아니니라 너희에게 미래와 희망을 주는 것이니라 12 너희가 내게 부르짖으며 내게 와서 기도하면 내가 너희들의 기도를 들을 것이요 렘 29:11,12

너는 내게 부르짖으라 내가 네게 응답하겠고 네가 알지 못하는 크고 은밀한 일을 네게 보이리라 렘 33:3

내가 너희의 모든 대적이 능히 대항하거나 변박할 수 없는 구변과 지혜를 너희에게 주리라 눅 21:15

사람이 하나님의 뜻을 행하려 하면 이 교훈이 하나님께로부터 왔는지 내가 스스로 말함인지 알리라 요 7:17

보혜사 곧 아버지께서 내 이름으로 보내실 성령 그가 너희에게 모든 것을 가르치고 내가 너희에게 말한 모든 것을 생각나게 하리라 요 14:26

그러나 진리의 성령이 오시면 그가 너희를 모든 진리 가운데로 인도하시리니 그가 스스로 말하지 않고 오직 들은 것을 말하며 장래 일을 너희에게 알리시리라 요 16:13

너희는 이 세대를 본받지 말고 오직 마음을 새롭게 함으로 변화를 받아 하나님의 선하시고 기뻐하시고 온전하신 뜻이 무엇인지 분별하도록 하라 롬 12:2

17 우리 주 예수 그리스도의 하나님, 영광의 아버지께서 지혜와 계시의 영을 너희에게 주사 하나님을 알게 하시고 18 너희 마음의 눈을 밝히사 그의 부르심의 소망이 무엇이며 성도 안에서 그 기업의 영광의 풍성함이 무엇이며 엡 1:17,18

새 사람을 입었으니 이는 자기를 창조하신 이의 형상을 따라 지식에까지 새롭게 하심을 입은 자니라 골 3:10

너희 중에 누구든지 지혜가 부족하거든 모든 사람에게 후히 주시고 꾸짖지 아니하시는 하나님께 구하라 그리하면 주시리라 약 1:5

고난 중에 하나님의 보호하심을 받자

1 여호와는 나의 목자시니 내게 부족함이 없으리로다 2 그가 나를 푸른 풀밭에 누이시며 쉴 만한 물 가로 인도하

시는도다 3 내 영혼을 소생시키시고 자기 이름을 위하여 의의 길로 인도하시는도다 4 내가 사망의 음침한 골짜기로 다닐지라도 해를 두려워하지 않을 것은 주께서 나와 함께 하심이라 주의 지팡이와 막대기가 나를 안위하시나이다 5 주께서 내 원수의 목전에서 내게 상을 차려 주시고 기름을 내 머리에 부으셨으니 내 잔이 넘치나이다 6 내 평생에 선하심과 인자하심이 반드시 나를 따르리니 내가 여호와의 집에 영원히 살리로다 시 23:1-6

여호와는 나의 빛이요 나의 구원이시니 내가 누구를 두려워하리요 여호와는 내 생명의 능력이시니 내가 누구를 무서워하리요 시 27:1

여호와께서 자기 백성에게 힘을 주심이여 여호와께서 자기 백성에게 평강의 복을 주시리로다 시 29:11

여호와의 천사가 주를 경외하는 자를 둘러 진 치고 그들을 건지시는도다 시 34:7

또 여호와를 기뻐하라 그가 네 마음의 소원을 네게 이루어 주시리로다 시 37:4

네 짐을 여호와께 맡기라 그가 너를 붙드시고 의인의 요동함을 영원히 허락하지 아니하시리로다 시 55:22

내가 하나님을 의지하고 그 말씀을 찬송하올지라 내가 하나님을 의지하였은즉 두려워하지 아니하리니 혈육을 가진 사람이 내게 어찌하리이까 시 56:4

1 지존자의 은밀한 곳에 거주하며 전능자의 그늘 아래에 사는 자여, 2 나는 여호와를 향하여 말하기를 그는 나의 피난처요 나의 요새요 내가 의뢰하는 하나님이라 하리니 3 이는 그가 너를 새 사냥꾼의 올무에서와 심한 전염병에서 건지실 것임이로다 4 그가 너를 그의 깃으로 덮으시리니 네가 그의 날개 아래에 피하리로다 그의 진실함은 방패와 손 방패가 되시나니 5 너는 밤에 찾아오는 공포와 낮에 날아드는 화살과 6 어두울 때 퍼지는 전염병과 밝을 때 닥쳐오는 재앙을 두려워하지 아니하리로다 7 천 명이 네 왼쪽에서, 만 명이 네 오른쪽에서 엎드러지나 이 재앙이 네게 가까이 하지 못하리로다 8 오직 너는 똑똑히 보리니 악인들의 보응을 네가 보리로다 9 네가 말하기를 여호와는 나의 피난처라 하고 지존자를 너의 거처로 삼았으므로 10 화가 네게 미치지 못하며 재앙이 네 장막에 가까이 오지 못하리니 11 그가 너를 위하여 그의 천사들을 명령하사 네 모든 길에서 너를 지키게 하심이라 시 91:1-11

여호와께서 너를 지켜 모든 환난을 면하게 하시며 또 네 영혼을 지키시리로다 시 121:7

내가 환난 중에 다닐지라도 주께서 나를 살아나게 하시고 주의 손을 펴사 내 원수들의 분노를 막으시며 주의 오른손이 나를 구원하시리이다 시 138:7

상심한 자들을 고치시며 그들의 상처를 싸매시는도다 시 147:3

사람을 두려워하면 올무에 걸리게 되거니와 여호와를 의지하는 자는 안전하리라 잠 29:25

그 날에 그의 무거운 짐이 네 어깨에서 떠나고 그의 멍에가 네 목에서 벗어지되 기름진 까닭에 멍에가 부러지리라 사 10:27

4 이에 여호와의 말씀이 이사야에게 임하여 이르시되 5 너는 가서 히스기야에게 이르기를 네 조상 다윗의 하나님 여호와께서 이같이 말씀하시기를 내가 네 기도를 들었고 네 눈물을 보았노라 내가 네 수한에 십오 년을 더하고 6 너와 이 성을 앗수르 왕의 손에서 건져내겠고 내가 또 이 성을 보호하리라 사 38:4-6

오직 여호와를 앙망하는 자는 새 힘을 얻으리니 독수리가 날개치며 올라감 같을 것이요 달음박질하여도 곤비하지 아니하겠고 걸어가도 피곤하지 아니하리로다 사 40:31

두려워하지 말라 내가 너와 함께 함이라 놀라지 말라 나는 네 하나님이 됨이라 내가 너를 굳세게 하리라 참으로 너를 도와 주리라 참으로 나의 의로운 오른손으로 너를 붙들리라 사 41:10

하늘이여 노래하라 땅이여 기뻐하라 산들이여 즐거이 노래하라 여호와께서 그의 백성을 위로하셨은즉 그의 고난 당한 자를 긍휼히 여기실 것임이라 사 49:13

14 오직 시온이 이르기를 여호와께서 나를 버리시며 주께서 나를 잊으셨다 하였거니와 15 여인이 어찌 그 젖 먹는 자식을 잊겠으며 자기 태에서 난 아들을 긍휼히 여기지 않겠느냐 그들은 혹시 잊을지라도 나는 너를 잊지 아니할 것이라 사 49:14,15

이르시되 너희를 위로하는 자는 나 곧 나이니라 너는 어떠한 자이기에 죽을 사람을 두려워하며 풀 같이 될 사람의 아들을 두려워하느냐 사 51:12

산들이 떠나며 언덕들은 옮겨질지라도 나의 자비는 네게서 떠나지 아니하며

나의 화평의 언약은 흔들리지 아니하리라 너를 긍휼히 여기시는 여호와께서 말씀하셨느니라 사 54:10

14 너는 공의로 설 것이며 학대가 네게서 멀어질 것인즉 네가 두려워하지 아니할 것이며 공포도 네게 가까이하지 못할 것이라 15 보라 그들이 분쟁을 일으킬지라도 나로 말미암지 아니한 것이니 누구든지 너와 분쟁을 일으키는 자는 너로 말미암아 패망하리라 사 54:14,15

너를 치려고 제조된 모든 연장이 쓸모가 없을 것이라 일어나 너를 대적하여 송사하는 모든 혀는 네게 정죄를 당하리니 이는 여호와의 종들의 기업이요 이는 그들이 내게서 얻은 공의라 여호와의 말씀이니라 사 54:17

너희는 보습을 쳐서 칼을 만들지어다 낫을 쳐서 창을 만들지어다 약한 자도 이르기를 나는 강하다 할지어다 욜 3:10

너희가 애굽에서 나올 때에 내가 너희와 언약한 말과 나의 영이 계속하여 너희 가운데에 머물러 있나니 너희는 두려워하지 말지어다 학 2:5

그가 내게 대답하여 이르되 여호와께서 스룹바벨에게 하신 말씀이 이러하니라 만군의 여호와께서 말씀하시되 이는 힘으로 되지 아니하며 능력으로 되지 아니하고 오직 나의 영으로 되느니라 슥 4:6

애통하는 자는 복이 있나니 그들이 위로를 받을 것임이요 마 5:4

수고하고 무거운 짐 진 자들아 다 내게로 오라 내가 너희를 쉬게 하리라 마 11:28

예수께서 그들을 보시며 이르시되 사람으로는 할 수 없으나 하나님으로서는 다 하실 수 있느니라 마 19:26

그들을 주신 내 아버지는 만물보다 크시매 아무도 아버지 손에서 빼앗을 수 없느니라 요 10:29

우리가 알거니와 하나님을 사랑하는 자 곧 그의 뜻대로 부르심을 입은 자들에게는 모든 것이 합력하여 선을 이루느니라 롬 8:28

그런즉 이 일에 대하여 우리가 무슨 말 하리요 만일 하나님이 우리를 위하시면 누가 우리를 대적하리요 롬 8:31

그러나 이 모든 일에 우리를 사랑하시는 이로 말미암아 우리가 넉넉히 이기느니라 롬 8:37

내게 능력 주시는 자 안에서 내가 모든 것을 할 수 있느니라 빌 4:13

그런즉 너희는 하나님께 복종할지어다 마귀를 대적하라 그리하면 너희를 피하리라 약 4:7

너희 염려를 다 주께 맡기라 이는 그가 너희를 돌보심이라 벧전 5:7

자녀들아 너희는 하나님께 속하였고 또 그들을 이기었나니 이는 너희 안에 계신 이가 세상에 있는 자보다 크심이라 요일 4:4

4 무릇 하나님께로부터 난 자마다 세상을 이기느니라 세상을 이기는 승리는 이것이니 우리의 믿음이니라 5 예수께서 하나님의 아들이심을 믿는 자가 아니면 세상을 이기는 자가 누구냐 요일 5:4,5

구하라

구하는 이마다 받을 것이요 찾는 이는 찾아낼 것이요 두드리는 이에게는 열릴 것이니라 마 7:8

너희가 악한 자라도 좋은 것으로 자식에게 줄 줄 알거든 하물며 하늘에 계신 너희 아버지께서 구하는 자에게 좋은 것으로 주시지 않겠느냐 마 7:11

내가 천국 열쇠를 네게 주리니 네가 땅에서 무엇이든지 매면 하늘에서도 매일 것이요 네가 땅에서 무엇이든지 풀면 하늘에서도 풀리리라 하시고 마 16:19

진실로 다시 너희에게 이르노니 너희 중의 두 사람이 땅에서 합심하여 무엇이든지 구하면 하늘에 계신 내 아버지께서 그들을 위하여 이루게 하시리라 마 18:19

너희가 기도할 때에 무엇이든지 믿고 구하는 것은 다 받으리라 하시니라 마 21:22

예수께서 이르시되 할 수 있거든이 무슨 말이냐 믿는 자에게는 능히 하지 못할 일이 없느니라 하시니 막 9:23

23 내가 진실로 너희에게 이르노니 누구든지 이 산더러 들리어 바다에 던져지라 하며 그 말하는 것이 이루어질 줄 믿고 마음에 의심하지 아니하면 그대로 되리라 24 그러므로 내가 너희에게 말하노니 무엇이든지 기도하고 구하는 것은 받은 줄로 믿으라 그리하면 너희에게 그대로 되리라 막 11:23,24

내가 진실로 진실로 너희에게 이르노니 나를 믿는 자는 내가 하는 일을 그도 할 것이요 또한 그보다 큰 일도 하리니 이는 내가 아버지께로 감이라 요 14:12

너희가 내 이름으로 무엇을 구하든지 내가 행하리니 이는 아버지로 하여금 아들로 말미암아 영광을 받으시게 하려 함이라 요 14:13

너희가 내 안에 거하고 내 말이 너희 안에 거하면 무엇이든지 원하는 대로 구하라 그리하면 이루리라 요 15:7

너희가 나를 택한 것이 아니요 내가 너희를 택하여 세웠나니 이는 너희로 가서 열매를 맺게 하고 또 너희 열매가 항상 있게 하여 내 이름으로 아버지께 무엇을 구하든지 다 받게 하려 함이라 요 15:16

26 그 날에 너희가 내 이름으로 구할 것이요 내가 너희를 위하여 아버지께 구하겠다 하는 말이 아니니 27 이는 너희가 나를 사랑하고 또 내가 하나님께로부터 온 줄 믿었으므로 아버지께서 친히 너희를 사랑하심이라 요 16:26,27

자기 아들을 아끼지 아니하시고 우리 모든 사람을 위하여 내주신 이가 어찌 그 아들과 함께 모든 것을 우리에게 주시지 아니하겠느냐 롬 8:32

하나님의 약속은 얼마든지 그리스도 안에서 예가 되니 그런즉 그로 말미암아 우리가 아멘 하여 하나님께 영광을 돌리게 되느니라 고후 1:20

용서함을 받자

여호와는 마음이 상한 자를 가까이 하시고 충심으로 통회하는 자를 구원하시는도다 시 34:18

동이 서에서 먼 것같이 우리의 죄과를 우리에게서 멀리 옮기셨으며 시 103:12

나 곧 나는 나를 위하여 네 허물을 도말하는 자니 네 죄를 기억하지 아니하리라 사 43:25

우리가 우리에게 죄 지은 자를 사하여 준 것같이 우리 죄를 사하여 주시옵고 마 6:12

하나님이 죄를 알지도 못하신 이를 우리를 대신하여 죄로 삼으신 것은 우리로 하여금 그 안에서 하나님의 의가 되게 하려 하심이라 고후 5:21

그리스도께서 하나님 곧 우리 아버지의 뜻을 따라 이 악한 세대에서 우리를 건지시려고 우리 죄를 대속하기 위하여 자기 몸을 주셨으니 갈 1:4

그리스도께서 우리를 위하여 저주를 받은 바 되사 율법의 저주에서 우리를 속량하셨으니 기록된 바 나무에 달린 자마다 저주 아래에 있는 자라 하였음이라 갈 3:13

우리는 그리스도 안에서 그의 은혜의 풍성함을 따라 그의 피로 말미암아 속량 곧 죄 사함을 받았느니라 엡 1:7

13 그가 우리를 흑암의 권세에서 건져내사 그의 사랑의 아들의 나라로 옮기셨으니 14 그 아들 안에서 우리가 속량 곧 죄 사함을 얻었도다 골 1:13,14

그가 빛 가운데 계신 것같이 우리도 빛 가운데 행하면 우리가 서로 사귐이 있고 그 아들 예수의 피가 우리를 모든 죄에서 깨끗하게 하실 것이요 요일 1:7

만일 우리가 우리 죄를 자백하면 그는 미쁘시고 의로우사 우리 죄를 사하시며 우리를 모든 불의에서 깨끗하게 하실 것이요 요일 1:9

1 나의 자녀들아 내가 이것을 너희에게 씀은 너희로 죄를 범하지 않게 하려 함이라 만일 누가 죄를 범하여도 아버지 앞에서 우리에게 대언자가 있으니 곧 의로우신 예수 그리스도시라 2 그는 우리 죄를 위한 화목 제물이니 우리만 위할 뿐 아니요 온 세상의 죄를 위하심이라 요일 2:1,2

치유함을 받자

이르시되 너희가 너희 하나님 나 여호와의 말을 들어 순종하고 내가 보기에 의를 행하며 내 계명에 귀를 기울이며 내 모든 규례를 지키면 내가 애굽 사람에게 내린 모든 질병 중 하나도 너희에게 내리지 아니하리니 나는 너희를 치료하는 여호와임이라 출 15:26

네 하나님 여호와를 섬기라 그리하면 여호와가 너희의 양식과 물에 복을 내리고 너희 중에서 병을 제하리니 출 23:25

2 내 영혼아 여호와를 송축하며 그의 모든 은택을 잊지 말지어다 3 그가 네 모든 죄악을 사하시며 네 모든 병을 고치시며 4 네 생명을 파멸에서 속량하시고 인자와 긍휼로 관을 씌우시며

시 103:2-4

그가 그의 말씀을 보내어 그들을 고치
시고 위험한 지경에서 건지시는도다
시 107:20

내가 죽지 않고 살아서 여호와께서 하
시는 일을 선포하리로다 시 118:17

20 내 아들아 내 말에 주의하며 내가
말하는 것에 네 귀를 기울이라 21 그것
을 네 눈에서 떠나게 하지 말며 네 마
음 속에 지키라 22 그것은 얻는 자에게
생명이 되며 그의 온 육체의 건강이 됨
이니라 23 모든 지킬 만한 것 중에 더욱
네 마음을 지키라 생명의 근원이 이에
서 남이니라 잠 4:20-23

마음의 즐거움은 양약이라도 심령의
근심은 뼈를 마르게 하느니라
잠 17:22

사람의 심령은 그의 병을 능히 이기려
니와 심령이 상하면 그것을 누가 일으
키겠느냐 잠 18:14

20 사람은 입에서 나오는 열매로 말미
암아 배부르게 되나니 곧 그의 입술에
서 나는 것으로 말미암아 만족하게 되
느니라 21 죽고 사는 것이 혀의 힘에
달렸나니 혀를 쓰기 좋아하는 자는 혀
의 열매를 먹으리라 잠 18:20,21

그가 찔림은 우리의 허물 때문이요 그
가 상함은 우리의 죄악 때문이라 그가
징계를 받으므로 우리는 평화를 누리
고 그가 채찍에 맞으므로 우리는 나음
을 받았도다 사 53:5

내 이름을 경외하는 너희에게는 공의로
운 해가 떠올라서 치료하는 광선을 비
추리니 너희가 나가서 외양간에서 나
온 송아지같이 뛰리라 말 4:2

이는 선지자 이사야를 통하여 하신 말
씀에 우리의 연약한 것을 친히 담당하
시고 병을 짊어지셨도다 함을 이루려
하심이더라 마 8:17

믿는 자들에게는 이런 표적이 따르리니
곧 그들이 내 이름으로 귀신을 쫓아내
며 새 방언을 말하며 뱀을 집어올리며
무슨 독을 마실지라도 해를 받지 아니
하며 병든 사람에게 손을 얹은즉 나으
리라 하시더라 막 16:17,18

예수를 죽은 자 가운데서 살리신 이의
영이 너희 안에 거하시면 그리스도 예
수를 죽은 자 가운데서 살리신 이가 너
희 안에 거하시는 그의 영으로 말미암
아 너희 죽을 몸도 살리시리라 롬 8:11

19 너희 몸은 너희가 하나님께로부터
받은 바 너희 가운데 계신 성령의 전인
줄을 알지 못하느냐 너희는 너희 자신

의 것이 아니라 20 값으로 산 것이 되었으니 그런즉 너희 몸으로 하나님께 영광을 돌리라 고전 6:19,20

14 너희 중에 병든 자가 있느냐 그는 교회의 장로들을 청할 것이요 그들은 주의 이름으로 기름을 바르며 그를 위하여 기도할지니라 15 믿음의 기도는 병든 자를 구원하리니 주께서 그를 일으키시리라 혹시 죄를 범하였을지라도 사하심을 받으리라 약 5:14,15

그러므로 너희 죄를 서로 고백하며 병이 낫기를 위하여 서로 기도하라 의인의 간구는 역사하는 힘이 큼이니라 약 5:16

친히 나무에 달려 그 몸으로 우리 죄를 담당하셨으니 이는 우리로 죄에 대하여 죽고 의에 대하여 살게 하려 하심이라 그가 채찍에 맞음으로 너희는 나음을 얻었나니 벧전 2:24

사랑하는 자여 네 영혼이 잘됨 같이 네가 범사에 잘되고 강건하기를 내가 간구하노라 요삼 1:2

부요함과 형통을 누리자

네 하나님 여호와를 기억하라 그가 네게 재물 얻을 능력을 주셨음이라 이같이 하심은 네 조상들에게 맹세하신 언약을 오늘과 같이 이루려 하심이니라 신 8:18

이 율법책을 네 입에서 떠나지 말게 하며 주야로 그것을 묵상하여 그 안에 기록된 대로 다 지켜 행하라 그리하면 네 길이 평탄하게 될 것이며 네가 형통하리라 수 1:8

1 복 있는 사람은 악인들의 꾀를 따르지 아니하며 죄인들의 길에 서지 아니하며 오만한 자들의 자리에 앉지 아니하고 2 오직 여호와의 율법을 즐거워하여 그의 율법을 주야로 묵상하는도다 3 그는 시냇가에 심은 나무가 철을 따라 열매를 맺으며 그 잎사귀가 마르지 아니함 같으니 그가 하는 모든 일이 다 형통하리로다 시 1:1-3

여호와는 나의 목자시니 내게 부족함이 없으리로다 시 23:1

젊은 사자는 궁핍하여 주릴지라도 여호와를 찾는 자는 모든 좋은 것에 부

족함이 없으리로다 시 34:10

또 여호와를 기뻐하라 그가 네 마음의 소원을 네게 이루어 주시리로다
시 37:4

9 네 재물과 네 소산물의 처음 익은 열매로 여호와를 공경하라 10 그리하면 네 창고가 가득히 차고 네 포도즙 틀에 새 포도즙이 넘치리라 잠 3:9,10

17 나를 사랑하는 자들이 나의 사랑을 입으며 나를 간절히 찾는 자가 나를 만날 것이니라 18 부귀가 내게 있고 장구한 재물과 공의도 그러하니라
잠 8:17,18

자기의 재물을 의지하는 자는 패망하려니와 의인은 푸른 잎사귀 같아서 번성하리라 잠 11:28

10 주린 자에게 네 심정이 동하며 괴로워하는 자의 심정을 만족하게 하면 네 빛이 흑암 중에서 떠올라 네 어둠이 낮과 같이 될 것이며 11 여호와가 너를 항상 인도하여 메마른 곳에서도 네 영혼을 만족하게 하며 네 뼈를 견고하게 하리니 너는 물 댄 동산 같겠고 물이 끊어지지 아니하는 샘 같을 것이라
사 58:10,11

만군의 여호와가 이르노라 너희의 온 전한 십일조를 창고에 들여 나의 집에 양식이 있게 하고 그것으로 나를 시험하여 내가 하늘 문을 열고 너희에게 복을 쌓을 곳이 없도록 붓지 아니하나 보라 말 3:10

주라 그리하면 너희에게 줄 것이니 곧 후히 되어 누르고 흔들어 넘치도록 하여 너희에게 안겨 주리라 너희가 헤아리는 그 헤아림으로 너희도 헤아림을 도로 받을 것이니라 눅 6:38

도둑이 오는 것은 도둑질하고 죽이고 멸망시키려는 것뿐이요 내가 온 것은 양으로 생명을 얻게 하고 더 풍성히 얻게 하려는 것이라 요 10:10

지금까지는 너희가 내 이름으로 아무 것도 구하지 아니하였으나 구하라 그리하면 받으리니 너희 기쁨이 충만하리라 요 16:24

우리 주 예수 그리스도의 은혜를 너희가 알거니와 부요하신 이로서 너희를 위하여 가난하게 되심은 그의 가난함으로 말미암아 너희를 부요하게 하려 하심이라 고후 8:9

6 이것이 곧 적게 심는 자는 적게 거두고 많이 심는 자는 많이 거둔다 하는 말이로다 7 각각 그 마음에 정한 대로 할 것이요 인색함으로나 억지로 하지

말지니 하나님은 즐겨 내는 자를 사랑하시느니라 8 하나님이 능히 모든 은혜를 너희에게 넘치게 하시나니 이는 너희로 모든 일에 항상 모든 것이 넉넉하여 모든 착한 일을 넘치게 하게 하려 하심이라 고후 9:6-8

심는 자에게 씨와 먹을 양식을 주시는 이가 너희 심을 것을 주사 풍성하게 하시고 너희 의의 열매를 더하게 하시리니 고후 9:10

스스로 속이지 말라 하나님은 업신여김을 받지 아니하시나니 사람이 무엇으로 심든지 그대로 거두리라 갈 6:7

나의 하나님이 그리스도 예수 안에서 영광 가운데 그 풍성한 대로 너희 모든 쓸 것을 채우시리라 빌 4:19

10 주께 합당하게 행하여 범사에 기쁘시게 하고 모든 선한 일에 열매를 맺게 하시며 하나님을 아는 것에 자라게 하시고 11 그의 영광의 힘을 따라 모든 능력으로 능하게 하시며 기쁨으로 모든 견딤과 오래 참음에 이르게 하시고 골 1:10,11

돈을 사랑함이 일만 악의 뿌리가 되나니 이것을 탐내는 자들은 미혹을 받아 믿음에서 떠나 많은 근심으로써 자기를 찔렀도다 딤전 6:10

사랑하는 자여 네 영혼이 잘됨 같이 네가 범사에 잘되고 강건하기를 내가 간구하노라 요삼 1:2

말씀대로 말하라

초판 1쇄 발행	2019년 12월 2일
초판 6쇄 발행	2024년 12월 11일

지은이   손기철

펴낸이   여진구
책임편집   안수경
편집   이영주 박소영 최현수 구주은 김도연 김아진 정아혜
책임디자인   조은혜 마영애 | 노지현
홍보 · 외서   진효지
마케팅   김상순 강성민   마케팅지원   최영배 정나영
제작   조영석 허병용   경영지원   김혜경 김경희

303비전성경암송학교 유니게 과정
이슬비전도학교 / 303비전성경암송학교 / 303비전꿈나무장학회

펴낸곳   규장

주소 06770 서울시 서초구 매헌로 16길 20(양재2동) 규장선교센터
전화 02)578-0003 팩스 02)578-7332
이메일 kyujang0691@gmail.com   홈페이지 www.kyujang.com
페이스북 facebook.com/kyujangbook   인스타그램 instagram.com/kyujang_com
카카오스토리 story.kakao.com/kyujangbook
등록일 1978.8.14. 제1-22

ⓒ 저자와의 협약 아래 인지는 생략되었습니다.
이 출판물은 저작권법에 의해 보호를 받는 저작물이므로 무단 전재와 무단 복제를 할 수 없습니다.

책값   뒤표지에 있습니다.
ISBN 979-11-6504-032-1 03230

규 | 장 | 수 | 칙

1. 기도로 기획하고 기도로 제작한다.
2. 오직 그리스도의 성품을 사모하는 독자가 원하고 필요로 하는 책만을 출판한다.
3. 한 활자 한 문장에 온 정성을 쏟는다.
4. 성실과 정확을 생명으로 삼고 일한다.
5. 긍정적이며 적극적인 신앙과 신행일치에의 안내자의 사명을 다한다.
6. 충고와 조언을 항상 감사로 경청한다.
7. 지상목표는 문서선교에 있다.